AF359228

LE VIANDIER

DE

TAILLEVENT

LE VIANDIER

DE TAILLEVENT

LE VIANDIER

DE

GUILLAUME TIREL

DIT

TAILLEVENT

Enfant de cuisine de la reine Jehanne d'Evreux, queu du
Roi Philippe de Valois et du duc de Normandie, Dauphin de Viennois,
premier queu et Sergent d'armes de Charles V, Maistre
des garnisons de cuisine de Charles VI

1326-1395

Publié sur le Manuscrit de la Bibliothèque Nationale
avec les variantes des Mss. de la Bibliothèque Mazarine et des Archives
de la Manche, précédé d'une introduction et accompagné de notes

PAR

LE BARON JÉRÔME PICHON

Président de la Société des Bibliophiles François

ET

GEORGES VICAIRE

On y a joint des pièces originales relatives à Taillevent,
les reproductions de ses sceaux et de son tombeau, la réimpression
de la plus ancienne édition connue de son livre, une édition nouvelle
du plus ancien Traité de cuisine écrit en françois
et une table des matières

A PARIS

SE VEND CHEZ TECHENER

M D CCC XCII

TABLE DES CHAPITRES

TABLE DES PLANCHES

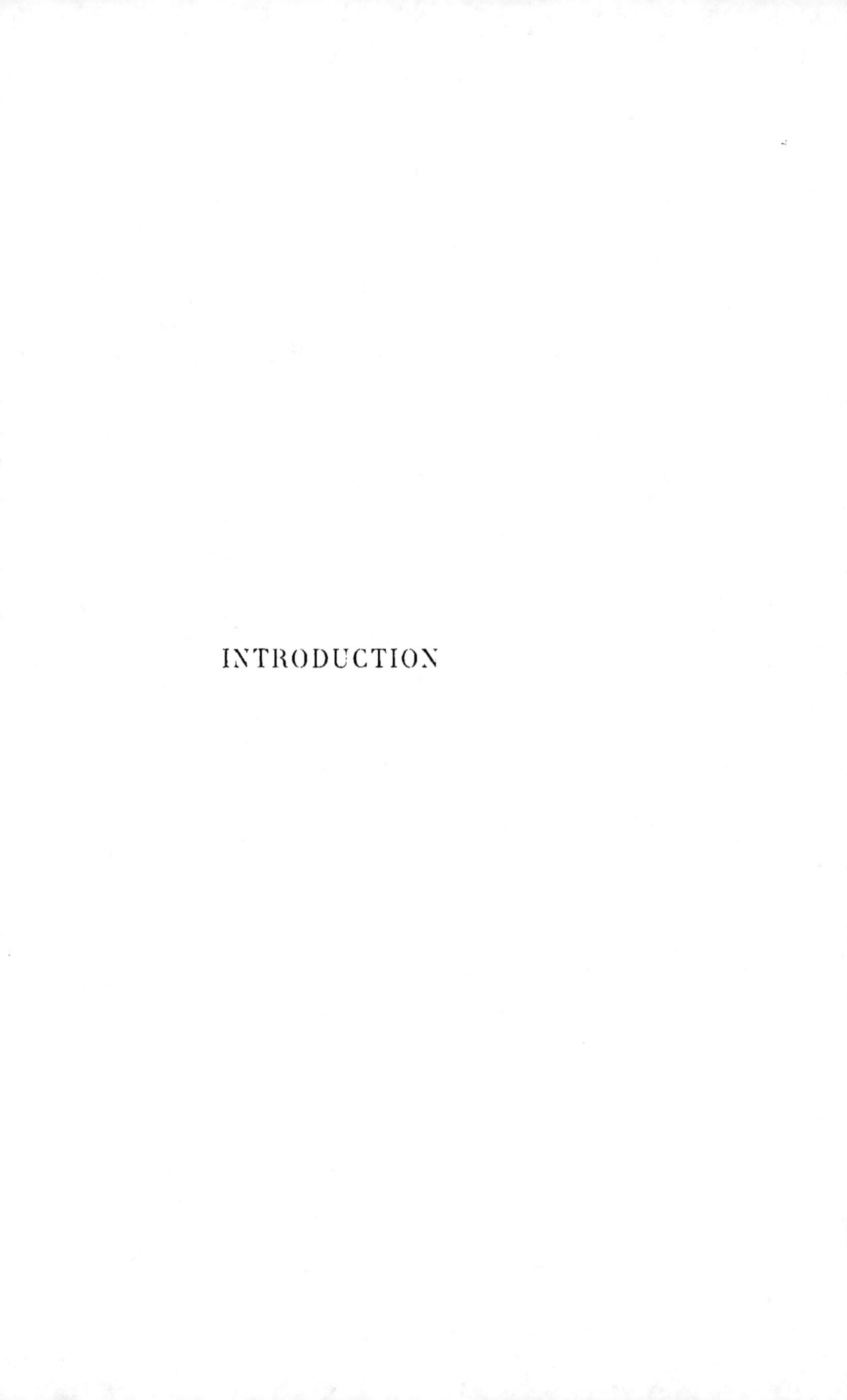

INTRODUCTION

INTRODUCTION

e *Viandier* de Taillevent est un des plus anciens traités culinaires connus qui aient été écrits en françois et probablement dans les langues modernes. Nous n'en connoissons qu'un seul qui lui soit certainement antérieur [1], et encore ce traité est-il fort incomplet. Le *Viandier* a été plusieurs fois, on pourroit même dire souvent, réimprimé depuis la fin du xve siècle jusqu'en 1604 [2], et il y a d'autant plus lieu de

---

(1) Petit traité de cuisine, écrit vers 1306 d'après M. Douet d'Arcq qui l'a publié dans la *Biblioth. de l'École des Chartes*, tome 1, 5e série, 1860, pp. 216-224. Il fait partie d'un ms. de la Biblioth. Nat. portant le n 7131 du fonds latin, in-folio, sur vélin, de 166 ff. Ce ms. commence par un *Traité de chirurgie composé par Henri de Amondeville, chirurgien de Philippe le Bel, en 1306.*

(2) Voir plus loin la *Bibliographie des manuscrits et des imprimés du « Viandier ».*

s'étonner d'un si long succès que tous les imprimés, pleins de fautes, contiennent des phrases tellement tronquées, tellement incompréhensibles que jamais praticien, fût-il le plus habile, n'aura pu mettre, avec profit, en pratique les recettes de ce traité.

On connoît trois manuscrits anciens de cet ouvrage, sans compter celui qui est mentionné dans l'*Inventaire du Duc de Berry* [1]. Ces manuscrits sont conservés, l'un à la Bibliothèque Nationale, l'autre à la Bibliothèque Mazarine, le troisième aux Archives de la Manche, à Saint-Lô. Le plus ancien est celui de la Bibliothèque Nationale ; celui de la Bibliothèque Mazarine est le plus étendu [2] ; le manuscrit de Saint-Lô est, à la fois, le plus récent et le moins développé. Les deux premiers diffèrent profondément ; le second a été l'objet d'un

---

(1) Ce ms. fait partie d'un gros volume ainsi décrit : « Art. 919. Un gros volume, escript en françoys, de lettre de court, ouquel sont contenuz les livres qui s'ensuivent : le livre de la Propriété des choses, le livre de l'Istoire de Thébes, le livre de l'Istoire de Troye, le livre d'Orose, le livre de Lucan, le Romans de la Rose, le Testament maistre Jehan de Mehun, le Trésor et le Testament du dit maistre Jehan de Mehun, Boëce, de Consolation, Matheole et autres livres, et ou derrenier est le *Viendier Taillevent* ; et au commencement du second fueillet du dit volume est escript : en especial ; et est couvert de cuir rouge empraint, à quatre fermouers de cuivre et V gros boullons de mesmes sur chascune aiz ; lequel volume mon dit Seigneur achata, ou moys de may mil cccc et IIII de maistre Regnault du Montet, la somme de IIe escus d'or. » *Invent. du duc de Berry de 1416,* aux Archives nationales. — Même article dans l'*Invent. de Sainte-Geneviève,* où ce volume est prisé 75 livres tournois. — On ne sait pas ce que ce livre est devenu.

(2) Bien qu'il ne contienne que 141 recettes, tandis que celui de la Bibliothèque Nationale nous en donne 144. Il est vrai que, dans ce dernier ms., les recettes sont exposées beaucoup plus brièvement.

travail de révision et d'augmentation postérieures, car
on y trouve, outre de légères modifications au texte
original, quelques recettes vraisemblablement étran-
gères à l'œuvre de Taillevent. Le copiste n'a, du reste,
apporté aucun soin dans l'accomplissement de sa
besogne ; la plupart des recettes, à la fin principalement, se trouvent pêle-mêle, non-seulement sans titres,
mais encore écrites les unes à la suite des autres et
sans alinéas. Plusieurs de ces recettes, surtout parmi
celles qui concernent les sauces, sont répétées à deux
endroits du manuscrit et l'on s'imagine aisément l'em-
barras des infortunés queux chargés d'opérer d'après
cette détestable copie.

Le nom de l'auteur se lit sur le manuscrit de la
Mazarine comme sur celui de la Bibliothèque Nationale :
dans le manuscrit conservé à Saint-Lô, l'ouvrage est
anonyme, mais il offre de telles ressemblances avec les
deux premiers, avec le premier surtout, qu'on ne
sauroit douter un instant que ce soit une version de
Taillevent, avec variantes. Ce traité se trouve transcrit
à la suite d'un *Journal de la recepte de la terre et
baronnie de la Haye-du-Puits,* pour l'année 1454.

Le manuscrit de la Bibliothèque Nationale porte la
mention suivante qui prouve, d'une manière irréfutable,
sinon la date précise à laquelle fut composé le *Viandier,*
du moins son existence avant 1392 : « *Cest viandier fu
acheté a paris par moy Pierre Buffaut lan mil ccc iiii*ˣˣ

xij ou pris de vi s. par. » Il est donc incontestable que le traité de Taillevent fut écrit au xiv⁰ siècle, mais quel étoit ce Taillevent, son auteur ?

L'intitulé du *Viandier* donne à Taillevent la qualité de « maistre queux du Roy nostre sire », sans dire de quel roi. Legrand d'Aussy qui ne le connoissoit que par les imprimés, ayant remarqué qu'on y mentionnoit un banquet donné pour le comte du Maine et Mademoiselle de Châteaubrun, au Bois sur la mer, le 6 juin 1455, a cru Taillevent attaché à la maison de Charles VII[1] et,

----

(1) *Hist. de la vie priv. des Français*, éd. 1815, t. ii, p. 230. — C'est ce menu, certainement ajouté à l'œuvre de Taillevent, qui a induit en erreur ses premiers éditeurs et leur a fait croire que Taillevent étoit cuisinier de Charles VII.

Ce banquet fut, assurément, donné à l'occasion des négociations relatives à la succession de Bretagne, non pas au *Bois sur la mer* qui n'existe probablement pas, mais au *Bois-Sire-Amé*, château situé près de Bourges où Charles VII et Agnès Sorel passoient souvent la belle saison. Le *Bois-Sire-Amé* fut appelé aussi le Bois Trousseau, à cause d'Artault Trousseau, vicomte de Bourges, un de ses possesseurs. Charles VII, qui l'avoit probablement acheté de lui, le donna, en juin 1447, à Agnès Sorel, après l'avoir fait restaurer par les soins de Jacques Cœur.

Ce banquet est du 6 juin 1455 et nous voyons Charles VII au Bois-Sire-Amé le 4 du même mois ; à cette date, il donna, en ce lieu, des lettres imposant une crue ou supplément d'impôt pour payer la rançon de Guill. Cousinot *(Vallet de Viriville)*. La date donnée au menu concorde donc parfaitement avec le séjour de la Cour au Bois-Sire-Amé.

Deux dames sont citées dans ce menu et les suivants : Mᵐᵉ de Villequier et Mˡˡᵉ de Châteaubrun. Antoinette de Maignelais, dame de Villequier, est fort connue. Elle était cousine — et non nièce — d'Agnès Sorel et lui succéda, après sa mort, dans les bonnes grâces de Charles VII. Quant à Mˡˡᵉ de Châteaubrun, que M. Vallet de Viriville dit être Colette de Vaux, c'étoit une belle et séduisante personne qui nous paroit avoir tourné la tête deux ans plus tard, en 1457, aux ambassadeurs hongrois venus alors pour demander la main de Madeleine de France, fille du Roi, pour le Roi Ladislas de Hongrie. Ces ambassadeurs furent très brillamment reçus à leur arrivée en France et les banquets de Mˢʳ de Foix

comme il avoit vu figurer un Taillevent en qualité d'écuyer de cuisine dans un état de la maison royale pour 1381, il a pensé qu'il s'agissoit là d'un ancêtre de

et des comtes d'Etampes et de la Marche, dont les menus figurent dans le Taillevent imprimé, nous semblent bien devoir être les mêmes que ceux dont Georges Chastelain a parlé avec détails.

Chastelain raconte qu'au banquet donné par le C^e de Foix le 22 décembre 1457, un chevalier allemand, appelé messire Jehan Strapt, fit vœu sur le paon que, pour l'honneur de la demoiselle de Villequier auprès de laquelle il étoit placé, jamais il ne s'asseoiroit à table, ni à dîner, ni à souper, *jusqu'à ce qu'il eût fait armes pour l'amour d'elle :* un chevalier hongrois, que Chastelain ne nomme pas, jura qu'un mois après être revenu dans son pays il romproit deux lances à fer émoulu pour l'honneur de la demoiselle de Châteaubrun et ne se vestiroit que de noir jusqu'à ce qu'il eût accompli son vœu *pour l'amour que ladite damoiselle en estoit vestue par tout icelluy jour.*

Le père Menestrier, dans ses *Origines des ornements des armoiries*, Lyon, 1680, in-12, p. 218, dit que les vicomtes de Bergues S. Winock avoient pour cri de guerre : *Bergues a madame de Chateaubrun.* On se demande si ce ne seroit pas à notre enchanteresse des banquets de 1455 et 1457 que ce cri devroit son origine.

Châteaubrun étoit un fief appartenant, vers cette époque, à la grande maison de Naillac en Limousin ; mais nous ne pouvons, malgré nos recherches au Cabinet des Titres, désigner exactement la personne qui portoit ce nom. Il est probable que, comme Mlle de Villequier, elle étoit mariée, mais que son mari n'étoit qu'écuyer et non chevalier : c'est pourquoi ces deux dames n'étoient appelées que *Mademoiselle* et non Madame.

Le comte du Maine, Charles d'Anjou, étoit frère du Roi René et beau-frère de Charles VII qu'il servit fidèlement et brillamment. Il semble qu'il étoit lié avec Mme de Châteaubrun puisqu'il étoit dit que le banquet étoit donné pour elle et pour lui.

Le Comte de Foix étoit Gaston IV (de la branche de Grailly). Il posséda ce comté de 1436 à 1472, année de sa mort. C'étoit aussi un serviteur fidèle de Charles VII.

Le Comte de la Marche étoit, à cette époque, Bernard d'Armagnac, Cte de Pardiac, deuxième fils du connétable d'Armagnac, tué à Paris en 1418 et père de l'infortuné duc de Nemours, décapité sous Louis XI, en 1477.

Le Comté d'Étampes étoit, alors, disputé entre la maison de Bretagne et celle de Bourgogne. Il nous semble toutefois qu'alors le Cte d'Etampes devoit être François de Bretagne, fils de Richard de Bretagne, Cte d'Etampes et de Marguerite d'Orléans. Il devint duc de Bretagne, en 1458, après la mort d'Artus III, son oncle, duc de Bretagne. C'est lui qui fonda l'université de Nantes.

l'auteur du *Viandier*[1]. Les auteurs des *Mélanges tirés d'une grande bibliothèque*[2], mieux inspirés, ont dit que Taillevent avoit été cuisinier de Charles V et de Charles VI, mais sans apporter aucune preuve à l'appui de cette assertion. Il est donc exact de dire que l'on n'avoit émis nulle part une opinion raisonnée sur le nom de l'auteur du *Viandier* et sur l'époque de la composition de son ouvrage avant l'article que l'un de nous publia dans le *Bulletin du Bibliophile*, en 1843[3]. Un certain nombre de documents découverts depuis la publication de cet article nous permettent aujourd'hui de traiter la question avec plus de développements.

C'est dans une pièce de 1326[4] relative au couronnement de la reine de France, Jeanne d'Évreux, femme du roi Charles le Bel, que nous voyons figurer, pour la première fois, le nom de Taillevent. Le futur auteur du *Viandier* y est cité parmi les enfants de cuisine qui sont : Jehanin Le Camus, Guillaume de Recloses, *Taillevent* et Galerne. Nous pouvons donc le croire, à

---

(1) *Hist. de la vie priv. des Français*, éd. 1815. t. II. p. 230.

(2) Par le Mis de Paulmy et Contant d'Orville. *Paris*. 1779-88. 69 vol. in-8, tome III. p. 42.

(3) Voir Article de M. le Bon Jérôme Pichon. *Bulletin du Bibliophile* (Paris. Techener), livraison de juin 1843.

(4) *Officiers des maisons de Roys. Reynes, Enfans de France et de quelques princes du sang*, t. I, p. 71, Biblioth. Nation., mss., fonds français. 7852. Voyez « Les Robes du Couronnement de la Reyne de France Jeanne d'Évreux, femme du roy Charles le Bel ». La « Livrée des robbes » a été faite à la Pentecôte 1326, par Pierre des Essarts, argentier, et Thomas Coste.

cette époque, âgé d'une douzaine d'années environ. Pendant vingt ans, de 1326 à 1346, nous perdons momentanément sa trace : il n'est plus question de lui dans les différentes ordonnances que nous avons compulsées, et ce n'est qu'en 1346 qu'il nous réapparoit au service de Philippe VI de Valois. D'enfant de cuisine de la reine Jeanne d'Évreux, il est devenu queu du roi. Philippe de Valois étant à Roye-lez-Sainte-Geme[1], le 12 mai 1346, ordonne au bailli de Rouen de payer à Guillaume Tirel, son *keu*, une somme de deux cents vingt-huit livres quatre deniers et maille parisis qui lui appartient à cause de sa femme « fille de Jehane, suer de feu Jacques Bronart, jadis sergent d'armes »[2].

---

[1] Roye étoit un château près du village de Sainte-Geme ou Sainte-Jamme situé lui-même sur la lisière de la forêt de Marly, et près de l'abbaye de Joyenval. Il en subsistoit encore des ruines au siècle dernier et sur son emplacement existe aujourd'hui une propriété appelée *le Désert* (Voir *Hist. de Saint-Germain*, par Abel Goujon, 1829, p. 429).

Il nous paroit bien probable que ce nom qui est celui d'une petite ville de Picardie et d'une très grande maison qui a joué un long rôle dans notre histoire, étoit venu à ce château de Barthélemy de Roye, fondateur de l'abbaye de Joyenval, en 1221, ou d'un de ses successeurs dont plusieurs furent enterrés en ce lieu.

Le château de Roye appartenoit-il à Philippe de Valois, ou ce prince y étoit-il seulement venu pour se livrer au plaisir de la chasse dans la forêt de Marly? C'est ce que nous ne pouvons dire. Outre la pièce que nous citons, on en connoit encore une autre de 1345, relative aux bestiaux importés dans le Gévaudan, donnée au même lieu par ce même prince, ce qui milite en faveur de la possession de ce château par lui. En tout cas, il est bien probable que Taillevent y étoit avec lui quand le mandement du 12 mai 1346 fut expédié.

[2] Voir plus loin, *Pièces justificatives*, n 1. C'est à M. Bernard Prost que nous devons la connoissance de cette pièce.

Le 24 octobre suivant, le roi qui se trouvoit à Compiègne[1], ordonne au même bailli de Rouen de payer à son amé queu certains deniers qui lui étoient dus « à cause de sa femme ». Il est évident que c'est toujours de la succession de Jacques Bronart (ou Bonard)[2] qu'il s'agit. Trois ans plus tard, en octobre 1349, ce même prince, étant à Saint-Léger en Yveline, permet à son amé queu de bouche Guillaume Tirel dit Taillevent et à Jeanne sa femme de fonder[3], quand il leur plairoit, pour leur salut et celui des leurs, une chapelle de 24 livres de rente à prendre sur une maison dite Larchière[4] qu'ils possédoient à Saint-Germain-

---

(1) Voir plus loin, *Pièces justificatives*, nᵒˢ 2 et 3.

(2) L'épitaphe de la première femme de Guillaume Tirel prouve que son vrai nom étoit *Bonard*. Le nom de Bronart paroît donc bien être ici une faute pour Bonard.

(3) *Pièces justificatives*, nᵒ 4.

(4) Saint Louis, étant à Saint-Germain-en-Laye, en octobre 1229, confirma la donation d'une rente annuelle faite à la Chapelle de l'hôpital Saint-Eloi de Saint-Germain par Regnault Larcher, officier de sa maison et de celles des rois Philippe-Auguste et Louis VIII pour le repos des âmes de ces trois rois qu'il avoit servis. « Regnault Larcher possédoit, dit M. Abel Goujon, dans son *Hist. de Saint-Germain-en-Laye*, 1829, p. 514, une maison assez considérable, et près de la chapelle Saint-Eloi dont il étoit fondateur un petit fief qui a donné son nom à une cour qui existe encore et s'appelle la *Cour Larcher*. » C'est très probablement la maison de Regnault Larcher, dite Larchière, à cause de lui, que possédoit Taillevent ; mais où se trouvoit cet immeuble ? Un document que nous avons vu à la Bibliothèque municipale de Saint-Germain nous éclaire sur ce point. Il s'agit d'un acte de vente d'une maison passé, par devant notaires, le 12 janvier 1675 entre Séraphin Testu, intendant des affaires de Madame Louise-Françoise de la Baume Le Blanc, duchesse de La Vallière, paire de France, et Olivier de Bessac, intendant de Monseigneur le Comte de Vermandois. Séraphin Testu reconnoît « avoir vendu, cedé, quitté, transporté et dellaissé du tout... une maison seize

en-Laye, sans payer aucun droit d'amortissement. Ce don étoit fait à Guillaume Tirel, en considération des bons et agréables services que le roi avoit reçus de lui au temps passé et de ceux qu'il espéroit encore en recevoir.

C'est au prieuré de Notre-Dame d'Hennemont[1], près Saint-Germain-en-Laye, et dont l'établissement remonte aux premières années du XIV° siècle, que Taillevent se détermina à fonder cette chapelle et à y fixer sa sépul-

---

à S. Germain en Laye, grande rue du d. lieu appellée *Taillevand*, consistant en deux corps du logis, hangards au milieu, dans laquelle est une cave, lesd. corps de logis aplicquez à cuisine, salle de chambres, garderobbes et greniers escurie, le tout couvert de thuille... tenant d'un costé au chemin dudit S. Germain à la chaussée de Chalvaigne, d'autre au sieur Ferand, d'un bout, et d'autre bout par devant, sur lad. rue allant dud. S. Germain au Port au Pecq, lad. maison estant en la censive de sa Majesté et des religieux et Couvent nostre Dame d'Hennemont, la dite maison de la dame Duchesse de La Vallière, cy-devant acquise de Messire François Michel Le Tellier, marquis de Louvois, secretaire d'estat et de dame Anne de Souvré, son espouze, par contrat passé devant Mouffle et Lefouyn, notaires à Paris, le XXIX mars 1669.

Il existe encore à Saint-Germain, rue des Ursulines (aujourd'hui rue Voltaire) n° 44, un *Hôtel de Louvois;* c'est, très probablement, cet hôtel que la duchesse de La Vallière acquit, en 1669, du ministre de Louis XIV et qu'elle céda, en 1675, au comte de Vermandois, son fils. D'après l'emplacement que lui assigne l'acte de vente, emplacement situé non loin de la *Cour Larcher* actuelle dont l'entrée est entre les n° 40 et 42 de la rue de Paris, on peut croire que cet immeuble, bâti sur l'ancien fief de Regnault Larcher, n'étoit autre que la maison *Larchière* que possédoit Taillevent et qui se seroit, après lui, appellée *Taillevand*.

(1) Le prieuré d'Hennemont avoit été fondé, au mois de mars 1309, par Petronille ou Perrenelle de Giry (de Geriaco), demoiselle de la Reine, sur « la terre et seigneu-rie » que lui avoit données Philippe IV le Bel, en 1289, « en reconnoissance des bons services qu'elle auoit rendu à Elizabeth sa mère pour lors décédée et qu'elle rendoit actuellement à Jeanne de Navarre, Reine de France, sa femme. » Par de nouvelles lettres données à Meaux en 1299, le roi laissoit à Petronille de Giry liberté entière de disposer « comme il luy plaira de cette terre d'Hannemont ». La fondatrice avoit alors abandonné, en 1309, sa propriété aux Religieux du Val

ture. Sa femme, Jeanne Bonard, mourut en 1363 ; il
est très probable que ce fut à cette époque que Taillevent mit à exécution son projet de fondation d'une
chapelle. Puis, s'étant ultérieurement remarié avec
Isabeau Le Chandelier, il fit faire une superbe tombe
plate sur laquelle il étoit représenté les mains jointes,
armé de toutes pièces, entre ses deux femmes. Sa tête
est couverte d'un bassinet ; une cotte de mailles s'y
attache, garantit ses bras et ses cuisses, en passant sous
une cotte d'armes, probablement en cuir, garnie de
clous. Sa masse d'armes et sa dague pendent à son côté
droit ; ses pieds et ses jambes sont garnis de plaques ;
à ses talons sont fixés de gros éperons recourbés. A la
garde de sa longue épée dont le pommeau est orné d'une
croix se trouve suspendu son écu à la fasce chargée de
trois chaudières, ou trois marmites si l'on veut, et
accompagné de six roses, trois en chef mises en fasce
et trois en pointe posées 2 et 1. Nous retrouverons ce
même écu sur trois sceaux de Taillevent apposés au
bas de trois pièces dont nous reproduisons l'une en
fac-simile.

des Ecoliers de Sainte-Catherine de Paris « pour y establir un monastère où ils
seroient sept Religieux comptant le Prieur » : elle attacha à cette fondation plusieurs services à perpétuité, « entr'autres pour ses père et mère qu'elle ne nomme
point et pour deux de ses frères. l'un nommé Pierre de Giry, abbé de Saint-
Benoit-sur-Loire et l'autre Simon de Giry, prieur de Sainte-Céline, de Meaux. »
Petronille de Giry décéda en 1325 le samedi après la Saint-Marc et fut enterrée
dans le prieuré. Gaignières rapporte que son tombeau étoit placé du côté de
l'Evangile. *Biblioth. Nationale*. Gaignières, fonds latin, 17048, t. I, f. 671.

La première femme de Guillaume Tirel, Jehanne
Bonard, est représentée vêtue d'une robe décolletée et
coiffée en cheveux, tandis que la seconde, Isabeau Le
Chandelier, porte sur un costume à peu près semblable
un chaperon. Cette différence de costume est singulière
et nous la signalons au lecteur. Comme Taillevent, ses
deux femmes ont les mains jointes. Aux pieds de
chacun des trois personnages, sont placés des chiens.
La partie supérieure de la tombe est d'une orne-
mentation et d'un dessin très élégants; au-dessus de
chaque personnage on aperçoit, assez vaguement du
reste, Dieu le Père assis et recevant dans les plis
de sa tunique les âmes du défunt et des défuntes:
de chaque côté de Dieu, se tiennent debout deux
anges portant un chandelier. Les inscriptions funèbres
forment comme un encadrement autour de la pierre
tombale.

Cette tombe, qui mesure 2^m 72 de hauteur et 1^m 40
de largeur, est excessivement curieuse. M. de Gaignières
à qui les amis de l'Histoire sont redevables de tant de
monuments conservés dans ses dessins, a eu soin de la
consigner dans son merveilleux recueil d'épitaphes, et
nous avons pensé qu'il ne seroit pas sans intérêt de
reproduire ici ce monument tel que Gaignières l'a vu,
à la fin du xviie ou, plus probablement, au commencement du xviiie siècle. Nous avons voulu également le
montrer dans l'état où il est actuellement, alors que

près de deux cents ans se sont écoulés depuis l'exécution du premier dessin, et ce n'est pas sans éprouver de sérieuses difficultés que nous sommes enfin parvenus à atteindre notre but.

La tombe de Taillevent est conservée au musée de la ville de Saint-Germain-en-Laye[1]; scellée dans le mur de l'escalier qui conduit à la bibliothèque municipale, elle reçoit le jour de face, et cet éclairage défectueux empêche absolument de voir aucun des traits gravés sur la pierre ; non-seulement la lecture des inscriptions est, par cela même, rendue très difficile, mais le peu de largeur de l'escalier ne permet même pas qu'on puisse la photographier. Nous avons donc dû aviser à d'autres moyens. Grâce à l'obligeante intervention de M. Alexandre Bertrand, membre de l'Institut et conservateur du musée gallo-romain de Saint-Germain, grâce aussi à Mme Bunout, bibliothécaire de la ville, nous avons pu faire prendre un moulage de la tombe de Guillaume Tirel, et c'est d'après le moulage qu'a été photographié ce monument du plus haut intérêt pour l'histoire de Taillevent. La planche que nous donnons, reproduite au dixième par l'héliogravure et tirée en taille douce, est donc très exacte ; mais bien des choses n'y sont pas venues, quoique

---

(1). La pierre tombale de Guillaume Tirel a été donnée au musée de la ville par M. Baron, propriétaire du château d'Hennemont, le 24 juillet 1871.

pouvant être vues par un œil expérimenté. C'est pourquoi nous avons cru devoir joindre à la planche, faite
d'après la photographie du moulage, une autre planche
où M. Ernest Guerrier a consigné ce que voyoit son
œil exercé et qui n'étoit pas venu soit dans le moulage,
soit dans la photographie.

La tombe de Guillaume Tirel est inégalement conservée ; certaines parties sont encore intactes, mais il
en est d'autres qui ont subi de graves détériorations,
ce qui n'a, du reste, rien de bien surprenant si l'on
songe à l'emplacement que cette tombe occupoit à
Hennemont. M. de Gaignières, absolument précis sur
ce point, puisqu'il parle d'une chose qu'il a vue, nous
apprend, en effet, que la pierre tombale du sergent
d'armes de Charles V étoit placée au milieu de la
sacristie du prieuré. C'est donc au passage quotidien
des religieux qu'il sembleroit légitime d'attribuer l'usure
de la pierre. Toutefois, il est des détériorations qui
doivent certainement être postérieures à cette époque,
nous voulons parler de celles relatives aux incrustations
de marbre blanc qui figuroient les mains et les visages
des trois personnages. Seul, le visage de Taillevent a
pu être retrouvé à Hennemont lorsque M. Gosselin,
l'éditeur des *Romantiques*, devenu propriétaire de
l'ancien prieuré, recueillit, dans une pieuse et artis-
tique intention dont il faut lui être reconnoissant,
les fragments de la tombe de Taillevent et de

celles des Meudon [1] et les sauva d'une destruction certaine.

A la Révolution, lorsque le monastère et ses dépendances furent vendus comme biens nationaux [2], le premier de ces monuments fut scié en cinq morceaux par des mains sacrilèges, et les cinq morceaux de cet élégant spécimen de l'art gothique furent employés à chaperonner le mur de soutènement d'une terrasse. Il est à présumer que c'est à cette époque que les visages et que les mains de marbre ont dû être arrachés de la pierre où ils étoient incrustés, et jetés sans respect avec d'autres décombres. Que devinrent alors les cendres de Taillevent et de ses deux femmes ? Les auteurs du *Précis historique de Saint-Germain-en-Laye* rapportent

---

(1) Les trois tombes des Meudon étoient placées dans le chœur de la chapelle d'Hennemont. L'une renfermoit les cendres de Monseigneur Robert de Meudon. « jadis chevalier de nostre sire le Roy et concierge de S'-Germain-en-Laye qui trespassa l'an 1320 la vigile S' Jean Baptiste » et celles de Madame Ameline. sa femme. décédée en 1325, la veille de la conversion de saint Paul. Dans l'autre. reposoit Robert de Meudon « escuier et aisné fils de feu M'' Robert de Meudon. qui trespassa l'an de grâce 1325. le lendemain de la Saint-Jean-Baptiste. » La troisième étoit celle de M'' Henry de Meudon. chevalier, décédé au mois de mai 1344, la veille de S. Germain. *Bibl. Nationale.* Gaignières. fonds latin. 17048. t. i. f. 647.

(2) La vente du prieuré d'Hennemont et des domaines qui en dépendoient. annoncée par voie d'affiches les 26 novembre et 10 décembre 1790. eut lieu les 11 et 12 janvier 1791. Cette propriété avoit été divisée en onze lots : le premier lot. comprenant les bâtiments. l'église, la cour et le jardin, a été adjugé à un sieur Regnault, aubergiste à Saint-Germain-en-Laye. rue de Pologne, au prix de 22.600 francs. Le procès-verbal de l'adjudication est conservé aux Archives du département de Seine-et-Oise, à Versailles. *Répert. des ventes de biens nationaux. district du canton de S.-Germain-Laye, n° 4.*

qu'elles furent transportées au cimetière de la ville,
mais aucun document authentique ne nous a permis
de contrôler leur assertion [1].

Les inscriptions gravées de la tombe sont, malheureusement aussi, fort endommagées, notamment dans
la partie où se trouve inscrite la date de l'année où
Taillevent rendit son âme à Dieu. Néanmoins, si effacés,
si usés que soient les chiffres romains qui la composent, nous espérons être parvenus à découvrir cette
date si importante à connoître. Dans la crainte de passer
pour téméraires, nous nous garderons bien de résoudre
sans hésitation ce problème, mais ce que nous pouvons dire, sans trop de présomption, c'est que la date
que nous croyons lire concorde parfaitement avec les
autres documents que nous avons recueillis sur Taillevent. Notre opinion ne sort pas du domaine des choses
vraisemblables.

De l'examen attentif auquel nous nous sommes livrés,
il semble ressortir que le tombeau de Guillaume Tirel

----

[1] Par MM. Bolot et de Sivry, *Saint-Germain-en-Laye*, 1848, in-18, p. 399.
« Les ossements renfermés dans les tombes ont été transportés au cimetière de
Saint-Germain : des parties de vêtements de laine étoient encore intacts ; quelques vases en terre cuite contenoient des restes de charbon, des squelettes de
lévriers étaient couchés aux pieds des squelettes humains. » M. Guégan, qui
reproduit ces détails dans son *Nouveau Guide du promeneur à Saint-Germain-en-
Laye*, 1879, in-18, p. 93, ajoute que les riches dessins qui couvrent la pierre
« paraissent avoir été peints et dorés »! Mais, comme ses devanciers, M. Guégan
ne nous fournit aucune preuve de ce qu'il avance.

a été exécuté très longtemps avant sa mort et que toutes
les inscriptions, y compris celle relative à Isabeau
Le Chandelier, ont été gravées lors de la confection du
monument. Le graveur n'auroit laissé en blanc que la
place nécessaire pour inscrire, dans la suite, l'année et
le jour du décès de Taillevent et celui de sa seconde
femme.

Voici donc l'inscription telle que nous avons pu la lire :

Sur le côté gauche, de bas en haut :

Cı . GIST . DEMOISELLE . JE̅HNE LA TIRELLE FAME . GUILLE .
TIREL . FILLE . DE . FEU . JE̅HNE . LA BONARDE QUI . TRESPASSA
LAN . MIL . CCC . LXIII LE . MERCEDY . AUANT . LA FESTE .
SAINT .[1] MATHIEU . APOSTRE . Z[2]. EUA̅GELISTRE . PE̅Z. P . ELLE .

Dans le haut :

Cı . GIST . GUILLE . TIREL . SGENT . DARMES . DU . ROY .
NR̅ES . Z . IADIS . QUEU . DU . ROY . PHE . Z . DE

Sur le côté droit, de haut en bas :

|MESS .| LE . ROY . [K]ARLLES . DALPHIN . DE . VIENN . QUI
trespassa lan mıL CCC [IIIIˣˣ Z XV| LE IOUR S. ANDRE[3] |p| CI
GIST YSABIAU LA TIRELLE . FA̅ME . GUILLE . TIREL . FILLE . DE .
FEU . JOU|DOIN| . LE CHAN

(1) Le 21 septembre.
(2) Ce Z qui se trouve ainsi dans l'inscription veut dire : *Et.*
(3) Le 30 septembre.

ci gist guille tirel sgent darmes du Roy nre s. 7 Jadis queu du Roy phe Z de
mgr le roy carle 7 dauphin de vienne qui trespassa lan mil ccc lx: Et cy gist
bossard qui trespassa lan mil ccc lxxiii le mrcaus la sethe mathieu apostre et euangeliste pr pour elle

TOMBE de pierre au milieu de la Sacristie de l'Église du Prieuré d'Hanemont.

Dans le bas :

DELIER . QUI . TRESPASSA LAN MIL CCC

Nous avons écrit en lettres italiques les mots complètement effacés comme *trespassa lan m* (qui se voyoient encore à l'époque où Gaignières fit faire son dessin) et nous avons placé entre crochets ceux que nous n'avons pu lire assez nettement pour pouvoir affirmer que nous ne nous sommes pas trompés dans notre lecture.

Voici maintenant ce qu'a lu Gaignières qui a vu la tombe alors qu'elle n'étoit pas aussi détériorée qu'elle l'est aujourd'hui. Cependant il ne faudroit pas, en cette circonstance, s'en rapporter aveuglément au document qu'il nous a laissé : on verra, en effet, en comparant notre planche, exécutée d'après une photographie, avec la reproduction du dessinateur, que ce dernier est loin d'avoir fait preuve d'exactitude [1].

Côté gauche (de bas en haut) :

Cy . gist . demoiselle . Jehanne . la ruelle . fême . de guille tirel . fille de feu . Jeanne la bonard qui l'passa . lan mil ccc . lxiii . le mêc . aût . la feste s . Mathieu apostre et euangeliste pr pour elle :

(1) M. de Gaignières avoit à sa solde un dessinateur — son domestique prétend-on — qu'il emmenoit avec lui dans les voyages qu'il faisoit à travers la France. Le dessinateur prenoit des croquis et des notes, et ce n'étoit souvent qu'au bout de trois mois, à son retour à Paris, qu'il exécutoit les dessins qui nous ont été heureusement conservés. Cette particularité expliqueroit les quelques erreurs que nous avons relevées dans la transcription des inscriptions gravées sur la tombe de Guillaume Tirel.

Dans le haut :

Ci . gist . guille . tirel . sgent . darmes . du . Roy . nr̄e s. z jadis . queu . du . roy . Phe . z de

Côté droit (de haut en bas) :

mõsr . le . roy. Carle . z . dauphin de vienne qui trespassa . lan mil . ccc l.x : et ci y . gist . ysabiau . la tirelle fẽme guille tirel z fille de feu Joudoin le chandelier.

Dans le bas :

qui . trespassa . lan Mil ccc.

La date de 1360 que Gaignières donne comme étant celle de la mort de Taillevent est évidemment erronée : nous en fournirons une preuve irréfutable tout-à-l'heure. Dans un autre recueil, provenant également de sa collection, et conservé à la Bibliothèque nationale, Gaignières a relevé les épitaphes des tombes du prieuré d'Hennemont, et voici comment sont transcrites celles de Taillevent et de ses deux femmes :

Cy gist Guillaume Tirel sergeant d'armes du Roy nostre sire et jadis queu du Roy Philippes et de Mgr le Roy Dauphin de Vienne qui trespassa — l'an 1315 — Cy gist Isabeau la Tuille ₁sic¹, femme de Guillaume Tirel, fille de feu Joudouïn Chandelier ₁sic¹ qui trespassa l'an 1300.

Cy gist Damoyselle Jeanne la Tuille ₁sic¹ femme de Guillaume Tirel, fille de feu Jeanne la Bonarde qui trespassa l'an 1363 le mercredy avant la fète St Mathieu apostre et Evangelistre, priés pour elle.

La contradiction entre les deux dates, 1315 et 1360,
est flagrante : la vérité est que ni l'une ni l'autre n'est
exacte. L'inexactitude est même telle que nous ne pouvons invoquer ce témoignage pour faire remarquer
que, dans la date de 1315, les deux derniers chiffres
sont les mêmes que dans celle de *Mil ccc iiii*ˣˣ *et* xv que
nous croyons lire.

Quant à la date de la mort d'Isabeau Le Chandelier,
elle paroit n'avoir jamais été gravée. Taillevent étant
mort, les héritiers auront négligé de faire compléter
l'inscription.

Nous avons dit que la première femme de Guillaume
Tirel étoit morte en 1363 : la seconde ne décéda que
longtemps après la première. Un arrêt du 30 août 1404,
relatif à la succession d'Isabeau Le Chandelier nous en
fournit la preuve. Cet arrêt dut évidemment n'être pro-
noncé que peu de temps après sa mort, puisque l'affaire à
laquelle il se rapporte n'étoit pas de celles qui, à raison
de leur gravité ou de la puissance des parties, duroient
plusieurs années. On voit, dans cet arrêt, qu'un certain
Colin du Val avoit attaqué religieux homme frère Jehan
Lermite, prieur de Sainte-Marie d'Hennemont et Guillaume Le Chandelier, avocat au Parlement, tous deux
exécuteurs testamentaires de feu Isabeau la Tirelle *alias*
la Taillevande, pour s'être opposés à ce qu'il fût envoyé
en possession de tous les biens de la succession et les
sommoit de montrer l'inventaire. L'affaire avoit été

évoquée devant les maîtres des requêtes de l'hôtel, (sans doute parce que Colin du Val étoit attaché à la maison du roi) et là il avoit été décidé que Colin qui réclamoit 1.000 francs s'étoit plaint à tort : que cependant les exécuteurs testamentaires rendroient leur compte, que Guillaume Le Chandelier paieroit au roi 100 francs d'amende pour ses défauts et malices dans l'exécution du testament et que Colin seroit envoyé en possession de tous les biens d'Isabeau. Le Parlement confirma cette sentence dont toutes les parties avoient appelé et doubla l'amende imposée à Guillaume Le Chandelier [1]. Il n'est pas douteux que cet acte ne s'applique à Isabeau la Tirelle. Mais revenons à Taillevent.

La tombe de Guillaume Tirel nous apprend que lorsqu'elle fut exécutée, Taillevent, jadis queu du roi Philippe (de Valois), étoit devenu sergent d'armes. Nous verrons plus loin à quelle époque il étoit investi de ces fonctions.

Quatre pièces, toutes les quatre datées de 1355, et au bas de trois desquelles est apposé le sceau de Taillevent [2], nous montrent ce personnage au service du Dauphin de Viennois [3]. Dans la première datée du 12 août, où il prend le titre « d'escuyer de l'ostel de mons.

---

(1) *Reg. du Parlement*, Jugés, reg. 50. fol. 387.

(2) *Pièces justificatives*, n°" 5. 6. 7 et 8. La pièce relative à la vente d'un cheval par Taillevent nous a été gracieusement communiquée par M. Bernard Prost.

(3) Le duc de Normandie, depuis Charles V.

Sceau N° 1.

Fossile. No 2.

le Dauphin de Viennois » Guillaume Tirel dit Taillevent
« receu à monstre » reconnoit que Gilles Daniel et
Nicole Le Coucte. trésoriers généraux du subside des
gens d'armes. lui ont remis une somme de 15 livres
parisis : dans la seconde. du 19 août. Guillaume Tirel
« *alias* Taillevent ». queu de Mons. le Dauphin de
Viennois. donne reçu aux mêmes trésoriers généraux
d'une somme de 90 livres tournois « en escus d'or du
coing de Jehan ». Cette quittance est scellée d'un sceau
en cire rouge sur lequel on voit une tête d'homme
portant sa barbe longue : autour de l'écu on lit
Guillaume Taillevent. Nous donnons un *fac-simile* de
ce sceau[1]. La troisième pièce est datée du 19 septembre.
au Val de Ruel[2]. Le dauphin de Viennois y ordonne
au vicomte du Pont-de-l'Arche de payer ou de faire
payer à son amé queu une somme de 50 florins
d'or à l'escu ou la valeur de cette somme pour un
cheval que Taillevent lui a vendu.

Enfin. dans la quatrième pièce datée d'Hesdin le
27 novembre. « Guillaume Taillevant. escuier » se tient
pour bien payé d'une somme de 8 livres 10 sous tournois
que lui a donnée. en prêt sur ses gages. Jehan Chauvel.
trésorier des guerres du roi. Cette quittance est revêtue
d'un sceau rond en cire rouge[3] : l'écu porte un lièvre

[1] Voir Planches. *sceau* n° 1.
[2] Le Vaudreuil (Eure).
[3] Voir Planches, *sceau* n° 2.

courant accompagné de trois roses, deux en chef et
une en pointe. Voilà donc un troisième sceau de Taillevent, différent des deux premiers. Il est bien surprenant
que les armoiries de Guillaume Tirel aient ainsi varié,
et nous ne nous rappelons pas d'autres exemples d'un
fait semblable. Nous ne parlons ici que des sceaux
héraldiques; car celui qui porte une tête barbue est
une sorte de sceau de fantaisie tel que celui de
Charles V *à une tête d'homme sans barbe* [1].

Dans une ordonnance du 27 janvier 1359 (1360,
n. st.) [2] relative aux officiers de la maison du Régent,
figure, parmi les quatre queux attachés à ses cuisines,
un *Gillevant* qui vient en second sur la liste et Guillaume
Tirel dit Taillevent n'est nommé à aucune place. Tout
porte à croire que *Gillevant* est mis là à la place de
Taillevant et comme c'est dans un recueil imprimé que
nous avons rencontré le nom de ce Gillevant, il est très
probable que ce n'est que le résultat d'une faute
typographique. Ce doit bien être de notre Taillevent
qu'il s'agit, car quelques mois plus tard, une nouvelle
ordonnance de l'hôtel de Mons. Charles, Dauphin de
Viennois, donnée à Melun le 23 novembre 1360, est
publiée à Paris le 28 du même mois et mentionne un
Taillevenler (sic) en qualité de queu. Il y est dit qu'il

----

(1) Voir la description de ces sceaux, p. xxiii et p. xxvi.
(2) *Ordonn. des roys de France*, t. III, p. 392.

aura   autel » [1] comme l'écuyer de cuisine lequel est
traité comme l'échanson. Dans cette ordonnance ne
figurent qu'un écuyer de cuisine, Pierre de Chailliau,
et qu'un queu, Taillevent. Chacun de ces officiers avoit
« foin et avoine pour deux chevaux, chandelle et vin
de couchier [2] ».

En 1361, le duc de Normandie, étant à Conflans près
Paris, donne à Guillaume Tirel, son queu, cent francs
d'or pour ses bons et agréables services afin qu'il achète
une maison en la ville de Paris « laquelle Monseigneur
lui avoit commandé à acheter pour estre plus près de
lui pour le servir [3] ».

De 1361 à 1368, aucun document relatif à Guillaume
Tirel ne nous renseigne sur ses états de services. Entre
temps, le roi Jean meurt en captivité, le duc de Normandie est monté sur le trône de France et, selon
toute apparence, Taillevent, qui étoit à son service, a
continué d'exercer, auprès de ce prince, l'office de
queu: car, le 8 janvier 1368 (1369, n. st.) le roi fait payer
à son queu Guillaume Tirel dit Taillevent une somme
d'argent qui lui étoit due, pour une cause qui n'est pas
indiquée, et dont nous ne connoissons pas la valeur [4].

---

(1) *Pareil* (pareils émoluments que)

(2) Bibl. Nat., *Table des ordonnances et estats des maisons des Rois, Reines,
Dauphins, etc.*, fonds franç., 7855, in-fol., p. 507.

(3) *Tres. des Chartes*, reg. 92, nᵒ 75.

(4) *Pieces justificatives*, nᵒ 9.

Une autre quittance de Guillaume Tirel, dit Taillevent, datée du lundi 19 février de la même année nous
apprend qu'à cette époque il cumuloit les fonctions de
queu et de sergent d'armes. Taillevent y donne reçu à
Symon de Baigneux de 54 livres 18 sous tournois pour
le reste de ses gages « qu'il prent à vie sur la viconté
de Rouen [1] ».

Le 21 novembre 1370, Charles V ordonne à Guillaume
Taillevent, par mandement [2] daté de Vincennes, de
remettre ou d'envoyer à Jehan Gencien, bourgeois de
Paris, commis pour la recevoir, une somme de 67 francs
et demi. Cette somme que Taillevent prêtoit au roi,
pendant six semaines, pour la paie de trois hommes
d'armes, étoit destinée, dit le mandement, « à enforcier
nostre connestable [3] afin qu'il puist miex et plus
poinssament combatre noz ennemis ». Le 12 juin 1371,
Guillaume Taillevent est remboursé de son prêt par
Nicolas Tricart « receveur des aides ordennez pour
la guerre ès terres et pais que tient en douaire en
Normendie Madame la Royne Blanche », ainsi que le
prouve une quittance revêtue de son sceau [4], celui qui
porte les trois chaudières et les six roses [5].

<hr>

(1) *Pièces justificatives*, n° 10.

(2) Léopold Delisle. *Mandemens de Charles V*. p. 372. n° 729. Voir *Pièces justificatives*, n° 11.

(3) Du Guesclin.

(4) *Pièces justificatives*. n° 12.

(5) Ces armoiries sont décrites p. xii. Voir Planches, *sceau* n° 3.

Sceau No 3.

En 1373, nous trouvons Guillaume Tirel premier queu du roi ; le 23 juillet de cette même année, Charles V lui fait un nouveau don de 100 francs d'or[1] ; quatre ans plus tard, il est encore investi des mêmes fonctions : par une quittance datée du 21 janvier 1377[2] (1378 n. st.) et donnée à Symon de Baigneux, Guillaume Tirel dit Taillevent, premier queu du roi, reconnoît avoir reçu de lui 55 livres 3 sous tournois qui lui étoient dûs pour ses gages du terme de la Saint-Michel passée, à raison de six sous tournois par jour.

Legrand d'Aussy nous apprend, de son côté, que Taillevent étoit écuyer de cuisine du roi en 1381[3] ; nous avons eu sous les yeux une quittance, en date du 12 juillet 1381[4], par laquelle Taillevent reconnoît avoir touché le montant de ses gages de 56 livres 8 sous tournois, pour le terme de la Saint-Michel passée, mais il ne fait suivre son nom d'aucun qualificatif.

On voit dans l'*Ordonnance du Louvre* de janvier 1386 (1387, n. st.)[5] une autre mention de Taillevent en qualité d'écuyer de cuisine : « Taillevent, est-il écrit dans cette

(1) Le Père Anselme, *Hist. généalog. et chronol. de la mais. de France, grands maitres*, etc., t. VIII, p. 840. La date est donnée 1473 ; mais c'est, évidemment, une erreur comme celle qui fait écrire aux auteurs de cet excellent livre *Taillement* au lieu de Taillevent.

(2) *Pièces justificatives*, nᵒ 13.

(3) *Hist. de la vie priv. des Franç.*, t. II, p. 230.

(4) *Pièces justificatives*, nᵒ 14.

(5) D. Godefroy, *Hist. de Charles VI*, p. 708.

d ij

ordonnance, gouvernera les garnisons [1] et gardera les
vaisseaux de cuisine pour ses gaiges qu'il a : et s'il
venoit de dehors à Paris pour les dites garnisons, aura
foing et aveine pour deux chevaus ». Dans cette ordonnance, les écuyers de cuisine sont nommés avant les
queux et Taillevent figure en tête de la liste. Ces nouvelles fonctions paroissent être de celles qui donnent
peu de fatigue et que l'on confie de préférence à d'anciens et sûrs serviteurs.

Dans une pièce originale, datée du 26 novembre
1388 [2], Guillaume Tirel dit Taillevent, premier écuyer
de cuisine du roi, reconnoit avoir reçu de Jehan Laubigois, maître des garnisons de vins du roi, la somme
de 8 francs pour la vente de 11 barils de vin.

En février 1388 (1389 n. st.) [3] une nouvelle ordonnance, calquée en quelque sorte sur la précédente, fut
rendue à Vernon, mais Taillevent n'y figure à aucun
titre. L'absence de son nom sur l'état des officiers de la
maison royale pourroit nous faire supposer que Guillaume Tirel, devenu vieux, avoit résigné ses fonctions
pour jouir d'un repos bien gagné ; car il est probable
que, si Taillevent eût encore exercé une fonction
quelconque à cette époque, l'ordonnance de Vernon
n'eût pas été muette à son sujet. L'hypothèse de sa

(1) Provisions.
(2) *Pièces justificatives*, n° 15.
(3) D. Godefroy. *Hist. de Charles VI*, p. 716.

mort étoit également admissible ; mais une quittance
de Guillaume Tirel, datée du dernier jour de février
1388-9[1], par conséquent postérieure à la publication de
l'ordonnance, nous la fait écarter. Cette quittance ne
prouveroit pas, du reste, que Taillevent occupât
encore son poste, puisqu'il n'y donne reçu à Richart
de Cormeilles, vicomte de Rouen, que d'une somme
de 54 livres 12 sous tournois qui lui étoit due pour le
terme de Pâques passé, et, que, de plus, il ne fait
suivre son nom d'aucun titre.

Il auroit donc très bien pu se faire que Tirel se fût
retiré avant la publication de l'ordonnance de Vernon,
qu'il ait touché ses gages échus, et nous aurions même
admis la chose comme telle s'il ne nous étoit pas réap-
paru, trois ans plus tard, en qualité de « maistre des
garnisons de cuisine du roy ». Une pièce fort intéressante
datée du 20 juillet 1392, que M. le marquis de Laborde
eut jadis l'obligeance de communiquer à l'un de nous,
mais dont nous devons à M. Bernard Prost d'avoir pu
retrouver l'original, ne laisse subsister aucun doute à cet
égard[2]. Elle a trait à une distribution faite aux officiers
de la maison du roi, de 61 paires de couteaux livrées
par Thomas d'Orgerel, coutelier. Taillevent, dans cet
état, est nommé le premier des écuyers de cuisine, et

(1) *Pièces justificatives*, n° 16.

(2) A M. le B⁰ⁿ J. Pichon, le 12 février 1851. Voir *Pièces justificatives*, n° 17

dans le reçu qu'il donne à Thomas d'Orgerel, il s'intitule lui-même « maistre des garnisons de cuisine du roy ».

Mais alors comment expliquer que l'ordonnance de Vernon ne mentionne, à aucune place, Guillaume Taillevent parmi les officiers de la maison du roi ? Peut-être faut-il supposer qu'au moment de la publication de cette ordonnance ce fidèle serviteur étoit atteint par une maladie assez grave pour l'empêcher de continuer à exercer ses fonctions ? Il y a là un point assez obscur et difficile à éclaircir.

Les différentes pièces originales que nous avons retrouvées dans plusieurs de nos dépôts publics, les ordonnances, les états de maisons royales que nous avons feuilletés nous permettent de suivre, à quelques intervalles près, Guillaume Tirel dans sa longue carrière. Ainsi donc, nous le voyons :

Enfant de cuisine au service de la reine Jeanne d'Évreux en 1326 ;

Queu de Philippe de Valois, en 1346 et 1349 ;

Écuyer de l'hôtel de Mgr le Dauphin de Viennois, puis queu du même prince, en 1355 ;

Queu du duc de Normandie, en 1359 (1360, n. st.) et 1361 ;

Queu et sergent d'armes du roi, en 1368 ;

Premier queu du roi, en 1373 et 1377 ;

Ecuyer de cuisine de Charles VI, en 1381 ;

Premier écuyer de cuisine du roi, en 1388 :

Maistre des garnisons de cuisine du roi, en 1392.

A partir du 20 juillet de cette dernière année, nous perdons la trace de Taillevent : aucune pièce ne vient nous renseigner depuis cette époque jusqu'à celle de sa mort, c'est-à-dire jusqu'en 1395, si la date que nous croyons avoir lue est exacte.

Nous avons dit, quand nous nous sommes occupés de la tombe de Guillaume Tirel, que la date de 1395 concordoit parfaitement avec les documents que nous avions recueillis sur ce personnage : or, les chiffres XV sont encore relativement visibles : la partie de l'inscription la plus effacée est celle où se trouveroient, selon nous, les chiffres IIIXX. Taillevent étant encore en fonctions en 1388, on ne peut le faire mourir en 1375 : on ne peut pas non plus prolonger son existence jusqu'en 1415, ce qui feroit de lui un centenaire, et, d'ailleurs, si Taillevent eût survécu à Isabeau la Tirelle, dont le décès est certainement antérieur à 1404, comme en fait foi l'arrêt du Parlement mentionné plus haut, nous l'aurions probablement vu intervenir, en sa qualité de mari, dans le procès intenté par Colin du Val.

Il y a, on le voit, une liaison naturelle et une progression continue dans les diverses fonctions qu'a tour à tour occupées Guillaume Tirel. Si, comme nous l'avons supposé, Taillevent étoit âgé de 11 à 12 ans lorsque nous le trouvons enfant de cuisine au service de la reine Jeanne d'Évreux, en 1326, il seroit donc né en 1314 ou en 1315 ; s'il est mort en 1395, ce qui nous paroît probable, il auroit, par conséquent, atteint l'âge de 79 ou de 80 ans. Admettons même qu'il soit né quelques années plus tôt, sans que la date de sa naissance puisse toutefois remonter plus loin que 1310, Taillevent auroit eu 16 ans en 1326 et seroit mort, dans cette hypothèse, à 85 ans, ce qui n'a rien d'impossible. Mais, à défaut de documents, nous devons nous borner ici à des conjectures.

Quant à l'époque à laquelle Guillaume Tirel a fait exécuter sa tombe, il nous est permis d'avancer que ce doit être entre 1364 et 1368, alors qu'âgé de 50 à 60 ans, il joignoit à son titre de queu celui de sergent d'armes du roi. On nous objectera peut-être que Taillevent est représenté sur la pierre comme un homme beaucoup plus jeune, mais est-il raisonnable de s'arrêter à cette considération ? Le dessin est, en somme, assez primitif et les artistes du temps ne garantissoient peut-être pas la ressemblance. A part les traits absolument nécessaires pour former les yeux, le nez et la bouche, il n'en existe aucun autre qui soit de nature à accentuer la physionomie. Lorsque Taillevent s'intitule *sergent d'armes du roi*, c'est évidemment du roi Charles V ; car ses états de services antérieurs à 1364 nous prouvent qu'il n'a jamais cessé de servir le duc de Normandie jusqu'à son avènement au trône ; aucune ordonnance ne le cite, du reste, parmi les officiers de la maison du roi Jean. Nous savons d'une façon certaine, une quittance en témoigne, que Guillaume Tirel étoit sergent d'armes en 1368, mais qui nous dit qu'il n'a pas été investi de ces fonctions dès 1364 par Charles V ? Il seroit même beaucoup plus plausible d'admettre que le tombeau a été confectionné en 1364, c'est-à-dire peu de temps après la mort de Jeanne la Tirelle, la première femme de Taillevent, décédée en 1363.

On a vu que Charles V avoit fait plusieurs libéralités à son amé queu Guillaume Tirel ; ces dons répétés tendroient à faire croire que Charles V s'intéressoit particulièrement à lui et nous nous sommes demandé si ce ne seroit pas notre Taillevent que ce grand roi auroit envoyé, en 1369, défier le roi d'Angleterre. Froissart nous apprend, en effet, que Charles V confia cette belle et dangereuse mission à un de ses varlets de cuisine qui étoit breton [1]. Cet historien auroit bien pu se tromper sur la qualité de l'envoyé du roi ; quant à la qualité de breton, nous ne savons pas si elle convient à Taillevent. Le lieu de sa sépulture et les

______

(1) M. Siméon Luce. *Comment. critique sur quatre années des Chron. de J. Froissart,* p. XLIV. met en doute cette assertion qui lui paroît dépourvue de vraisemblance et tout à fait contraire à ce que l'on sait du caractère de Charles V. Rymer (t. III, p. 864). rapportant que le 26 avril 1369. Edouard III fit renvoyer cinquante pipes de vin que Charles V lui avoit fait présenter par un des officiers de son échansonnerie nommé Jean Eustache, M. Luce se demande si cet envoi n'auroit pas donné lieu à la légende du défi et si le « Johannes Eustachii. pincerna regis Franciæ » ne seroit pas le valet de cuisine breton dont parle Froissart ?

noms de ses femmes qui paroissent parisiens, pourroient au contraire faire penser qu'il étoit originaire de Paris ou de ses environs. Nous ne pouvons donc pas revendiquer sûrement, pour Guillaume Tirel, la gloire d'avoir été défier le roi d'Angleterre, mais nous devons croire qu'il figura certainement parmi ces écuyers de cuisine et queux du roi « vestus de houpelandes de soie et aumusses fourrées, à boutons de perles par dessus », qui allèrent avec la maison du roi, le 4 janvier 1377 (1378 n. st.), au-devant de l'Empereur, lorsqu'il vint à Paris.

Nous avons, au cours de ce travail, désigné Guillaume Tirel, tantôt sous ce nom, tantôt sous celui de Taillevent, parce que lui-même, dans les diverses pièces originales que nous avons citées, s'appelle tantôt Tirel, tantôt Taillevent. En réalité, Tirel est son vrai nom et Taillevent un sobriquet comme les sobriquets facétieux de Riflandouille et de Tailleboudin, employés par Rabelais : comme ceux aussi de Bellebouche et de Guillot le Goulu que l'on rencontre dans plusieurs états de la maison royale. Taillevent, c'est le surnom donné à l'enfant de cuisine et qui est resté, dans la suite, à Guillaume Tirel. Nous ne suivrons pas Lacroix du Maine qui rapporte que l'on appeloit Taillevent Tallœietus, non plus que M. de la Monnoye qui, voulant donner l'étymologie de ce mot, le fait dériver du grec Θαλειηθης (Θαλειαι, convive et ηθος, ingénieux), c'est-à-

dire ayant du talent pour la bonne chère : car, à l'époque
où le futur auteur du *Viandier* fut surnommé Taillevent, ses talents culinaires n'avoient pas encore eu le
temps ni l'occasion de se révéler, et nous aimons mieux
croire que ce surnom ne lui avoit été donné qu'en
raison de son agilité ou pour tout autre motif.

Guillaume Tirel a-t-il laissé des enfants ? Voilà un
chapitre de son histoire qui nous est inconnu, et nous
ne pouvons, tout au moins, à cet égard, que nous
livrer à des conjectures. Au Cabinet des titres, nous
avons vu une pièce originale [1] qui concerne un Richard
Tirel, écuyer, lequel avoit 70 ans en 1490 et dont le
père, Guillaume Tirel, décéda au service du roi contre
les Anglois qui occupoient alors la Normandie. N'est-il
pas permis de faire ici un rapprochement entre l'auteur
du *Viandier* et ce Guillaume Tirel, seigneur de la
Bahonnière, de la métairie et du fief Tirel, dans la
vicomté de Mortain, dont l'épouse Colette Le Moyne,
qui possédoit le fief de la Motte, à Tallevende, dans la
vicomté de Vire, fut bannie de cette ville par les Anglois ? N'avons-nous pas le droit de nous demander si
ce Guillaume Tirel, dont le prénom est le même que
celui de notre Tirel, sans toutefois en avoir le surnom,
ne seroit pas le fils et Richard, le petit-fils de Taillevent ?

____

[1] Biblioth. Nat., cab. des titres. *Pièces originales*, recueil 2829, au mot
Thirel.

Reconstituer la vie de Guillaume Tirel, telle a été jusqu'à présent notre principale préoccupation et nous pouvons dire que nous en avons tracé une esquisse aussi fidèle que possible. Nous avons bien dit qu'il étoit l'auteur d'un des premiers traités de cuisine écrits en françois, le *Viandier*, mais sans nous étendre sur ce curieux ouvrage. Il nous faut donc rechercher maintenant ce qui a pu donner à son auteur l'idée de l'écrire et l'époque de sa composition. La précieuse note de Pierre Buffaut nous est d'un grand secours, car elle atteste que le *Viandier* est certainement antérieur à 1392[1]. Et si nous ne pouvons lui assigner une date précise, en l'absence de preuves certaines, il nous est assurément permis de noter plusieurs particularités et d'en tirer une déduction plus ou moins logique.

On sait que Charles V favorisa tout particulièrement les lettres et les sciences; ce prince avoit une tendance à faire écrire sur toutes les matières par ceux de ses sujets qui les possédoient à fond. Ne donna-t-il pas l'ordre à Jean de Brie, berger de Jean de Hestomesnil, maître des requêtes, de composer le traité si curieux qu'il nous a laissé sur l'art d'élever et de soigner les moutons? Seroit-il donc plus surprenant qu'il ait engagé son maître-queux à écrire un traité de cuisine? et ne devons-nous

---

(1) Il n'est guère probable que Pierre Buffaut ait acheté ce ms. l'année même de son apparition; c'eût été, en tout cas, un hasard bien singulier.

pas supposer que ce traité a été composé par Taillevent, sur un ordre du roi? Si notre supposition, qui paroit des plus vraisemblables, est fondée, nous pourrions donc déjà dire que la composition du *Viandier* est antérieure à 1380, c'est-à-dire au règne de Charles VI. Mais ce n'est pas le seul argument que nous ayons à faire valoir.

L'intitulé ou plutôt le sommaire du manuscrit de la Bibliothèque Nationale donne à Taillevent la qualité de « maistre queux du roi nostre sire. » Il est évident que le mot *maistre* n'a pas été mis ici au hasard : ce n'est pas un mot banal ; ce titre a certainement une signification et Taillevent, en le prenant, a, selon toute probabilité, voulu montrer qu'il étoit quelque chose de plus qu'un cuisinier ordinaire. Dans une ordonnance de Louis X le Hutin, donnée vers Noël de l'an 1315, les *Mestres de la cuisine* sont nommés avant les queux [1].

---

(1) Bibl. Nat., *Table des ordonnances et estats des maisons des Roys, Reynes, etc.*, fonds franç., 7855, in-fol. p. 128. Voici ce que dit cette ordonnance : « En nostre cuisine seront les personnes qui s'ensuivent : Renaud de Signy, Fagot, Mestres de la cuisine, qui seront presens quant len despecera la char et saront quantes pieces len fera du buef, du porc et du mouton et saron par l'estimation des gens qui seront à court quantes pieces len en mettra cuire et autant en recevront au dreçoer en salle de cuite comme il en aront bailliee creüe. Et de la poulle commenceront ce que mestier sera pour les gens qui en doivent estre servis, a cuire, et autant en recevront en salle, de cuite, comme il aront bailliee de crue. Et sera tousjours l'un a court et ne se partira sans congé de mestre d'ostel.

Les II mestres de la cuisine ou celuy qui sera a court, ou celuy des queus qui y sera achateront ou achatera ce que faudra pour nostre despense devers la

Or, nous voyons Taillevent queu du roi en 1368 jusqu'en 1371 ; en 1373, il nous apparoît avec le titre de *premier queu* du roi, ce qui indique nettement qu'à cette époque il étoit le chef des officiers de la Cuisine royale, le maître des queux. En 1381, Guillaume Tirel a monté en grade ; il est écuyer de cuisine [1], exerçant en cette qualité, des fonctions spéciales ; il ne prend

cuisine, ne ne poiera rien, ne contera sus nul autre que sus celuy dont les denrées seront prises et seront poyez par nostre chambre a deniers.

Les Mestres de la cuisine et les queus aront allant et venant en leurs ostiex III s. parisis par jour et XII L. parisis pour restor de leurs chevaus s'ils sont saigniez, et s'ils ne sont saigniez, ils n'en aront riens.

Les Mestres de la cuisine et les queus ne pourront rien donner de leur office sans le congié des Mestres de l'ostel lequel congié ne durera qu'un jour se il n'est renovelé.

Les Mestres de la cuisine conteront par leur serement tous les sers des despens du jour. »

(1) *Hist. de la vie priv. des Franç.*, éd. 1815, t. III, p. 353. « Le Maître queux, écrit Legrand d'Aussy d'après un état de la maison de Philippe Le Hardi, duc de Bourgogne, fils du roi Jean, avoit le privilège d'apporter à la table du duc un plat, d'avoir un siège dans la cheminée de la cuisine et de s'y asseoir quand il vouloit. La garde des épices lui étoit confiée. Il commandoit à tous les gens de la cuisine ; et, à ce titre, il portoit quand il étoit en fonction une grande cuillière de bois qui lui servoit tant à goûter les potages qu'à corriger ses sous-ordres quand ils manquoient en quelque chose. » C'étoit aussi le maître queux qui se rendoit dans la salle du repas suivi du saucier auquel il faisoit couvrir la table d'une double nappe. Toujours, d'après Legrand d'Aussy. « le maître queux vêtu plus décemment que quand il étoit allé dans la salle faire mettre la nappe, une serviette aussi sur l'épaule, ordonnoit alors à ses subalternes d'apporter les plats apprêtés. Il les présentoit au maître d'hôtel qui en faisoit l'essai, qui les couvroit et les livroit, ainsi couverts, au Pannetier. Celui-ci faisoit signe aux gentilshommes servant de les prendre pour les porter dans la salle... La marche étoit présidée à l'ordinaire par l'Huissier de salle et fermée par l'Ecuyer de cuisine dont l'office principal étoit de suivre les plats qui en sortoient. »

plus une part effective à la préparation des viandes, il
ne met plus, comme on dit vulgairement, la main à la
pâte. Pour avoir inscrit ce titre de *maistre queux* en
tête de son ouvrage, il falloit bien qu'il y fût autorisé :
et il l'étoit, en réalité, puisque nous le voyons diriger
les cuisines du roi pendant une période de huit années.
N'est-il pas, dès lors, absolument légitime de croire
que c'est pendant l'une ou l'autre de ces huit années,
entre 1373 et 1381, que Guillaume Tirel composa son
Viandier et probablement même avant 1380, si, comme
nous en avons la persuasion, il ne fit que se conformer
à un désir, sinon obéir à un ordre de Charles V.

Quoiqu'il en soit, le *Viandier* dont les copies circu-
loient entre les mains des châtelaines et des ménagères,
ne tarda pas à jouir d'une grande vogue, avant même
que l'imprimerie l'eût répandu et propagé. L'auteur du
Ménagier de Paris qui écrivoit vers 1392 [1] fait à
l'ouvrage de Taillevent de notables emprunts : la répu-
tation culinaire du maître queux grandit de jour en
jour : vers le milieu du xvᵉ siècle, il fait autorité en la
matière. Une citation de François Villon, pour plaisante
qu'elle soit, nous l'atteste [2].

> Si aille veoir en Taillevent
> Ou chapitre de fricassure.
> . . . .

(1) Voyez Introduction du *Ménagier*, t. I, pp. xix et suivantes.
(2) *Grand Testament*, huitain cxxxi.

Puis, l'art de l'imprimerie fait son apparition ; il est encore près de son début en France, lorsque, vers 1490, le manuscrit du *Viandier* tombe entre les mains d'un imprimeur qui le met aussitôt sous la presse et l'imprime avec de superbes caractères, mais aussi avec un luxe de fautes véritablement remarquable. Le succès de l'ouvrage fut sans doute considérable, à en juger par les nombreuses éditions du *Viandier* qui furent mises en vente par différents libraires, jusque dans les trois ou quatre premières années du xviie siècle. Aucune des éditions de Taillevent n'est exempte de fautes ; elles paroissent, du reste, avoir été copiées les unes sur les autres ; l'ordre des recettes est le même dans toutes ; l'orthographe seule des mots varie fréquemment, la construction des phrases se modernise dans les éditions les plus récentes.

Au nombre de ces imprimés, il nous faut accorder une mention spéciale à l'édition donnée par Pierre Gaudoul, car c'est la seule de toutes celles que nous avons eues sous les yeux qui contienne des additions assez importantes, puisque le texte de ces additions n'occupe pas moins de neuf pages pleines [1].

La plupart des imprimés donnent à Taillevent la qualité de cuisinier de Charles VII ; les documents que nous avons produits au cours de ce travail suffisent

---

(1) On trouvera le texte de ces additions à la suite de la réimpression de la plus ancienne édition connue du *Viandier* que nous donnons plus loin.

amplement à prouver le mal fondé de cette assertion ; il seroit donc inutile d'insister davantage sur ce point.

Il nous reste maintenant à signaler un fait des plus singuliers et qui résulte de la comparaison du Taillevent manuscrit avec le Taillevent imprimé. Les deux textes offrent, entre eux, de telles dissemblances qu'il est permis de mettre en doute l'authenticité de la plus grande partie des recettes que donnent, sous le nom de Taillevent, les imprimés. Prenons pour exemple l'édition la plus ancienne connue, celle qui a été imprimée avec l'un des caractères de Pierre Alain et d'André Chauvin. d'Angoulême. Nous sommes frappés, à première vue, de l'étendue qu'ont les imprimés relativement au manuscrit. Précisons : sur 38 feuillets dont se compose le Taillevent imprimé, les 26 premiers contiennent des recettes qui n'ont aucun rapport avec celles du manuscrit de la Bibliothèque Nationale. Ce n'est qu'au recto du 27e feuillet. après la 5e ligne, que nous voyons commencer, dans un ordre presque identique, le texte du manuscrit. Ce texte, un peu plus concis peut-être que dans le manuscrit, prend fin au recto du 35e feuillet, les trois derniers feuillets étant occupés par différentes autres recettes, telle que celle du *Claré* et de l'*Ypocras* et la description des banquets du comte du Maine et de Mademoiselle de Châteaubrun, des comtes de Foix et de la Marche.

En réalité, l'ouvrage de Taillevent paroit avoir été imprimé à la suite d'un autre traité qui ne présente

f i

aucune analogie avec le manuscrit de la Bibliothèque Nationale et dont nous ne trouvons pas non plus les éléments dans les manuscrits de la Mazarine et de la Haye-du-Puits. Ce qui sembleroit, du reste, prouver que les imprimés ne sont qu'un amalgame de plusieurs ouvrages, c'est que nous avons constaté qu'un certain nombre de recettes faisoient double emploi. C'est ainsi que l'on rencontrera répétées à deux endroits du livre, les recettes du *Bousac de lièvre,* du *Hericoq de mouton,* de la *Cretonée de pois nouveaux,* pour ne citer que celles-là. Par contre, il en est d'autres, dans la première partie du Taillevent imprimé, dont on ne trouve aucune trace dans les manuscrits, tels les chapitres des *tartes* et des *pastez* qui y sont très développés. Enfin, le chapitre des poissons, poissons de mer et d'eau douce, assez étendu dans les manuscrits, n'existe pas, ou pour ainsi dire pas, dans la première partie des imprimés. A part les répétitions que nous venons de signaler, le traité qui est sûrement l'œuvre de Taillevent complète assez bien celui dont nous ignorons l'origine.

Faut-il conclure de ces observations que nous sommes en présence de deux traités distincts imprimés l'un à la suite de l'autre, dont le second seul seroit dû à Guillaume Tirel, ou devons-nous croire, au contraire, que tous les deux sont l'œuvre du même auteur ? Il faudroit alors, pour rendre cette hypothèse admissible, supposer que les premiers imprimeurs se sont servis

de manuscrits de Taillevent plus développés qui se
seroient perdus et ne seroient pas parvenus jusqu'à
nous ? C'est là un problème bien difficile, pour ne pas
dire impossible à résoudre. Toutefois, on ne peut
contester que le manuscrit acheté par Pierre Buffaut,
en 1392, ne soit bien l'œuvre de Taillevent, son œuvre
certaine et indéniable, la base indiquée et nécessaire
de cette publication.

Ce qui, par exemple, ne fait aucun doute, c'est que
les menus des banquets imprimés à la fin du *Viandier*
ne sont pas et ne peuvent pas avoir été reproduits
d'après les manuscrits de Taillevent ; car il y avoit
longtemps, en 1455, que Guillaume Tirel ne présidoit
plus — et pour cause — aux préparations culinaires
de la table royale.

Nous avons donc pensé que le meilleur moyen de
prouver ce que nous avançons étoit de publier ici le
texte du plus ancien manuscrit connu et de réimprimer,
à sa suite, le texte de l'édition qui paroit bien être la
première. Pour cette réimpression, nous avons scrupu-
leusement respecté l'orthographe des mots, sans y
changer quoi que ce soit, alors même que les fautes
les plus grossières éclatoient visiblement. Toutefois,
nous avons cru devoir, pour en rendre la lecture plus
facile, ponctuer le texte, rétablir les accents et traduire
les mots imprimés en abréviation. Nous avons agi de
même pour les curieuses additions à l'œuvre de

Taillevent données par Pierre Gaudoul et dont nous publions plus loin le texte. Le lecteur, ayant les pièces sous les yeux, pourra comparer avec fruit les deux ouvrages et juger par lui-même des anomalies que nous lui signalons.

Quant aux manuscrits de la Bibliothèque Mazarine et de la Haye-du-Puits, qui sont tous deux très postérieurs à celui de la Bibliothèque Nationale, nous nous sommes bornés à en indiquer les variantes chaque fois qu'elles pouvoient offrir quelque intérêt.

Il nous a paru curieux de donner également une réimpression de ce petit traité de cuisine écrit dans les cinq ou six premières années du XIVe siècle dont nous avons déjà parlé. Taillevent ne semble pas l'avoir connu ou, s'il en a eu une copie entre les mains, il n'existe entre ce traité et le *Viandier* aucun point de ressemblance qui puisse nous faire supposer qu'il lui ait fait des emprunts. Nous avons, en outre, soigneusement comparé les recettes du Taillevent manuscrit avec celles du *Ménagier de Paris* et d'un autre livre de cuisine intitulé *Le Grand Cuisinier de toute cuisine*[1] et nous avons consigné, dans des notes, les observations résultant de cette intéressante comparaison.

Enfin, pour faciliter les recherches, nous avons, à la suite des *Pièces justificatives,* insérées à la fin de notre

______

[1] Paris, Jean Bonfons. s. d., pet. in-8e goth. de 91 ff.

ouvrage, établi une table des matières aussi copieuse que possible ; et nous nous trouverons largement payés de notre peine si nous avons pu, en publiant cette édition du *Viandier*, rendre service aux historiens qui font de la vie des nos ancêtres le sujet de leurs études comme aux philologues qui recherchent partout les origines étymologiques de notre belle et vieille langue françoise.

BIBLIOGRAPHIE

BIBLIOGRAPHIE

MANUSCRITS [1]

I

Cy comence le viandier tailleuant ma||istre queux du
Roy nostres [ire][2]. — In-4º de 18 feuillets non chiffrés, sur
vélin, couverture en parchemin.

Ce manuscrit, le plus ancien connu de l'œuvre du maître
queux de Charles V, est conservé à la Bibliothèque Nationale.
Catalogué dans l'*Inventaire et sommaire des manuscrits français,
Fonds Français, Fonds Saint-Germain*, tome 18, nº 19.791, il est

(1) Nous avons fait des recherches dans plusieurs bibliothèques de l'étranger,
en Italie, en Angleterre, en Belgique et en Hollande. Ni la Bibliothèque Vaticane,
ni la Bibliothèque Saint-Marc à Venise, ni le *British Museum* de Londres, ni les
bibliothèques de Bruxelles, d'Anvers, La Haye, Leyde et Amsterdam ne possèdent
de manuscrits ou d'éditions du *Viandier* de Taillevent. Mais si nos recherches sont
restées infructueuses, nous nous faisons néanmoins un devoir de reconnoître
ici l'empressement et l'obligeance que les conservateurs et bibliothécaires de ces
différents dépôts ont bien voulu mettre à nous les faciliter.

(2) Nostre sire.

g i

inscrit, par erreur, comme datant du xvᵉ siècle. Il suffit de lire la note écrite au bas du dernier feuillet (verso) pour se convaincre que ce manuscrit date du xɪvᵉ siècle et non du xvᵉ, puisque l'un de ses possesseurs, Pierre Buffaut, relate qu'il en a fait l'acquisition en 1392.

Voici la description de ce manuscrit :

Au recto du 1ᵉʳ feuillet, tout à fait dans le haut, on lit cette note ajoutée :

> *Joann. Du Puy. M. S. cat. inscript.*
> *S. Germani a pratis* nᵒ ~~2683~~
> *2517 · 2··*

Au-dessous :

> Cy comence le viandier tailleuant ma
> istre queux du Roy nostre s.

Le texte du traité commence aussitôt après ces deux lignes ; au bas du 1ᵉʳ feuillet (recto) a été écrit le nom suivant : *A. Delpriey*, probablement le nom d'un autre propriétaire du ms. L'ouvrage prend fin au verso du 18ᵉ et dernier feuillet par le mot : *Explicit*. Enfin, dans le bas de ce dernier feuillet, on peut lire, bien que l'écriture en soit assez effacée, la mention qui permet d'affirmer que le manuscrit est antérieur au xvᵉ siècle :

> *Cest viandier fu achete a paris p moy pʳᵉ buffaut*
> *lan m. ccc. iiij^{xx} xij ou pris de vj s. par.*

L'écriture du manuscrit est belle ; les majuscules dont la place avoit été réservée par le copiste n'ont pas été exécutées par le rubriqueur ; la partie inférieure du volume est traversée, du premier au dernier feuillet, par un large trou, mais il n'y a fort heureusement, que quelques lettres à peine qui aient été endommagées.

II

Tailleuant maistre queux du roy de france, icy enseigne
|| a toutes gens pour apparoillier a maingier en cusine de
roy, || duc conte marquis barōs prelas z de tous aultres
seigneurs || bourgois merchans z gens donneur. — In-folio,
sur papier.

Manuscrit du xv⁰ siècle conservé à la Bibliothèque Mazarine ;
il fait partie d'un *Recueil d'extraits, de notes de médecine, de
tableaux de mathématiques et d'astrologie, etc..* inscrit sous le n⁰
3636 (1253) du *Cat. gén. des mss. des bibliothèques publiques de
France. Paris, Biblioth. Mazarine,* tome 3. Au recto du 1ᵉʳ f. de
ce recueil on lit : *Cy est à moi Tabourot.*
Le *Viandier* occupe les feuillets chiffrés 219 à 228 de ce recueil
qui est d'une mauvoise écriture. Les majuscules sont écrites
en rouge. Le texte de l'ouvrage de Taillevent commence en
haut du recto du feuillet 219 par l'intitulé que nous venons de
donner plus haut et finit au recto et en haut du feuillet 228.

III

Le Journal de la Recepte || de la terre z baronnie de la
haie-Dupuis pour ung an cōmench || autᵐᵉ saint michiel
lan mil iiijᶜ chinq̄te z quatre et finissant || lan revolu z
acomply tant en argent grains fōmens et || advoinne sail
poyure cōmin poullailles oefz y autres choses... — Petit
in-folio, sur papier.

Ce ms. est conservé aux Archives de la Manche, à Saint-Lô.
Les feuillets, non numérotés à l'époque où il a été écrit, l'ont
été plus récemment de 1 à 46. Toutefois, une note dit que les

ff. 24, 42, 43, 44 et 45 manquent. Le *Viandier* qui se trouve à la suite de ce *Journal* occupe les ff. 39 (verso) à 46 (recto) ; c'est une copie, légèrement modifiée du traité de Taillevent ; et l'on peut se demander si les ff. 42, 43, 44 et 45, annoncés comme faisant défaut, manquent réellement. Dans le cas où ils auroient existé, il faudroit donc admettre que le traité de cuisine dont il s'agit étoit, dans ce ms., plus étendu que dans celui de la Bibliothèque Nationale. Or, tel qu'il est actuellement, il paroît, à quelques recettes près, assez conforme au ms. conservé rue de Richelieu ; en tout cas, le nombre des recettes absentes dans le ms. de Saint-Lô et qui figurent dans le premier, n'est pas assez considérable pour qu'elles puissent occuper quatre feuillets. On aperçoit bien la trace de deux feuillets arrachés, mais non de quatre, ce qui autoriseroit, en une certaine façon, à supposer qu'il y a eu erreur dans le foliotage.

IMPRIMÉS [1]

I

Cj apres sensuyt le viandier pour ap-||pareiller toutes
   manieres de viãdes||que tailleuent queulx du roy nr̄e
   sire||fist tant pour abiller ⁊ appeiller boul||ly rousty
   poissons de mer et deaue doulce. : saulces||espices et
   aultres choses a ce conuenables et neces||saires comme

(1) Dans cette énumération des éditions de Taillevent, nous avons tâché de les classer suivant leurs différents degrés d'ancienneté : mais on concevra que, devant assigner un rang à plusieurs éditions sans date, données à des époques très rapprochées, nous avons pu quelquefois nous tromper et intervertir l'ordre de leur publication.

Cy aprés sensuyt le Viandier pour ap∕
pareiller toutes manieres de viãdes
que tailleuent queulx du roy nrē sire
fist tant pour abiller ⁊ appeiller boul
ly rousty poissons de mer et deaue doulce: saulces
espices et aultres choses a ce conuenables et necef
saires comme cy aprés sera dit . Et premiere∕
ment du premier chapitre.

Brouet blanc de chapons. Blanc manger a poiſ∕
ſon. Blãc brouet dalemaigne. Salamine. Brou
et georget Graue de poiſſon Brouet de canelle a
chair. Autre brouet a chair Cretõnee a poix nou
ueaulx ou a feues maigre potaige. Cretõnee def
paigne. Cretõnee a poiſſon. Brouet vert a veau
ou a poulaille. grai de brouet vert a poiſſõ. Brou
et houſſe a veau ⁊ poulaille. Cyue de lieure. Gra
ue dalouetes et deſcreuiſſes. Chaudume a ãgui
le ⁊ brochet. Souppe a mouſtarde Trimolete de
perdris. Semee a cõnins. Gibeletz doiſeaulx de
riuiere Boully larde a cõnins ⁊ poulaille Brou
et rappe a veau poulaſſe Venoiſon aux ſouppes.
Venoiſon cheureul aux ſouppes. Venoiſon ſan∕
glier aux ſouppes. Soringe danguilles. Faulx
grenon froide ſauce rouſſe a pouſſins ou a veau

a.ii.

cy apres sera dit.... — *Sans lieu, ni date,* in-4º de 38 ff. non chiffrés, de 25 lignes à la page, signés *a-e*, caractères gothiques.

Le premier feuillet est blanc ; le texte de l'ouvrage commence au recto du 2ᵉ feuillet par le titre de départ transcrit plus haut et finit au recto du 38ᵉ feuillet (verso blanc), après la troisième ligne, par ces mots : *Cy finist le liure de cuysine* || *nomme Taylleuant lequel* || *traicte de plusieurs choses* || *appartenantes a cuysine.*

Les cahiers *a, b, c, d* sont de huit feuillets ; le cahier *e,* de six. Sur le recto du feuillet blanc, on lit, dans le haut, écrit à la main : *Le Cuisinier,* et, dans le bas : *In commune.... periculum est omnibus laborandum est.*

Cette édition, dont nous donnons, à la page précédente, un *fac-simile* d'après l'exemplaire de M. de Lignerolles qui nous a été gracieusement communiqué par cet éminent bibliophile, est manifestement du xvᵉ siècle.

Elle est imprimée avec des caractères qui ressemblent à ceux employés par Jehan Dupré, à Paris, et Pierre Gérard, à Abbeville, mais qui sont identiques à ceux de la *Doctrine des Princes et des servans en court* dont un fac-simile est donné dans le catalogue Rothschild, t. I, p. 373. Ces caractères sont les mêmes que l'un de ceux employés par Pierre Alain et André Chauvin, à Angoulême, de 1491 à 1493. Il ne faudroit cependant pas en conclure que ce volume et tous ceux qui présentent ce même caractère ont été imprimés aussi à Angoulême par ces mêmes imprimeurs. Nous croyons que ce caractère, comme d'autres de la même époque, a pu être employé par plusieurs imprimeurs qui ont exercé leur art dans diverses localités, sans s'y établir toutefois d'une manière fixe et arrêtée. Le papier ne porte aucune marque de filigrane.

Un exemplaire de cette même édition rarissime, qui est très probablement la première du *Viandier* de Taillevent, a figuré à la vente de M. le baron Pichon, en 1869, (nº 271 du catal.) et s'est vendu, en maroquin doublé, de Trautz-Bauzonnet, 1950 fr. plus les frais. Il provenoit des bibliothèques Baron (16 fr.) et Huzard

81 fr. ; il fait aujourd'hui partie de la collection de M. Daubrée,
à Nantes.

Il y a, entre l'exemplaire de M. de Lignerolles et celui de
M. Daubrée, auquel manquoit le feuillet blanc, une variante singulière à signaler. Le premier mot de la dernière ligne de l'*Explicit*
est écrit dans le premier *appartenantes* au lieu d'*appartenant* qui
se trouve dans le second. C'est, sans doute, une correction faite
pendant le tirage.

L'existence d'une édition presque semblable à celle-ci et,
assurément, de la même époque, nous paroît démontrée par des
fragments, imprimés d'un seul côté, conservés à la Bibliothèque
Nationale (V. 1669. *Inv. Réserve*).

Ces fragments se composent : 1º d'un morceau de feuillet ;
2º de deux feuillets complets ; le tout imprimé d'un seul côté,
avec le même caractère courant que notre première édition,
mais avec des capitales différentes. Elle a, comme celle-ci, 25
lignes à la page et paroît avoir été faite, page par page et ligne
pour ligne, sur cette édition. Ainsi le fragment de six lignes et
deux lettres :

Pastes de guornalt (gournault) ny soit mys q̄ gingēbre blanc

est le recto du f. 21 de l'édition Lignerolles. La page qui vient
après et dont la première ligne est :

peu de percil ysope et de toutes aultres bōnes her

est le recto du feuillet 25 de cette même édition. Le troisième et
dernier feuillet qui commence ainsi :

chescune tartre huit ou dix tronsons sur bout et

est le verso du f. 22.

Nous ne mettrons pas l'édition représentée par les placards
de la Bibliothèque Nationale avant l'édition Lignerolles, parce que
dans celle-ci le caractère courant est accompagné des capitales
qui se trouvent ordinairement jointes à ce caractère, lequel,
comme nous l'avons dit, a été employé par plusieurs imprimeurs
du xvᵉ siècle et dans diverses localités. Il paroît plus naturel de

croire que les capitales (avec un point dans la panse) qu'on rencontre ordinairement avec ce caractère doivent avoir marché avec lui dès son origine et que celles de ces placards lui ont été adjointes postérieurement pour remplacer les anciennes. Mais comme nous ne connoissons que des livres du xvᵉ siècle, imprimés avec ce caractère, qu'on ne voit plus au xvɪᵉ, nous devons placer l'édition révélée par les placards vers 1490 comme celles de MM. de Lignerolles et Daubrée.

Maintenant, pourquoi ces fragments (probablement retrouvés dans les cartons ou les gardes d'une reliure) sont-ils imprimés d'un seul côté ? C'est, sans doute, parce que nous avons sous les yeux des placards comme les imprimeurs en donnent encore aujourd'hui aux auteurs et correcteurs pour être revus et corrigés par eux.

II

Cj apres sen suyt le viãdier pour appareiller toutes manieres de viandes que tailleuent queulx du roy nostre syre fist tant pour abiller ɀ appareiller boully rously poissons de mer et deaue doulce : saulces espices et aultres choses a ce conuenables et necessaires comme cy apres sera dit...
— *Sans lieu, ni date*, in-4ᵘ de 26 feuillets non chiffrés, de 31 lignes à la page, signés *aiii - diiii.*

Édition que nous ne connoissons pas, mais citée par Brunet, *Manuel,* t. v, col. 647 ; elle auroit, d'après lui, été imprimée vers 1490, avec les caractères de Pierre Schenck qui exerçoit à Vienne en Dauphiné. La souscription est la même que celle qui se trouve dans l'exemplaire précédemment décrit.

III

Cy apres sensuyt le viãdier pour appareiller || toutes manieres
de viandes que tailleuent || queulx du roy nostre sire fist
tant pour abil || ler et appareiller bouilly rousty poissons
de || mer et deaue doulce, saulces espices et autres choses ||
a ce conuenables ꝫ necessaires cõme cy apres sera dit...
— *Sans lieu, ni date,* in-4° de 28 feuillets non chiffrés, de
31 lignes à la page, signés *a-d,* caractères gothiques.

Les cahiers *a* et *b* se composent de huit feuillets; les cahiers *c*
et *d*, de six. Nous ne connoissons qu'un exemplaire de cette
rarissime édition qui se trouve à la bibliothèque de Grenoble
(U 1127 du catalogue) et que nous a obligeamment communiqué
le conservateur de cette bibliothèque, M. Maignien.

L'exemplaire est, malheureusement, incomplet : mais comme
son texte paroît avoir été copié sur celui de l'édition que possède
M. de Lignerolles, les recettes étant imprimées dans le même
ordre, exactement, et offrant, presque toujours, les mêmes fautes,
il n'est pas impossible de déterminer le nombre des feuillets qui
manquent. Dans le cahier *a*, il ne manque que le feuillet *a i* qui
peut très bien être un feuillet blanc; le feuillet *a viii* est trans-
posé et se trouve parmi les feuillets du cahier *c*. C'est celui qui,
dans un numérotage au crayon, porte le n° 16.

Dans le cahier *b*, manquent 4 feuillets (*b iii, b iiii, b v* et *b vi*. Les
ff. *b vii* et *b viii*, également transposés, portent les n°° *11* et *12* (toujours dans le numérotage au crayon dont nous venons de parler).

Dans le cahier *c*, le f. *c ii* n'est pas chiffré : c'est le feuillet
numéroté au crayon 9 ; il commence par ces mots : *Pour faire
iance;* le f. *c v* est numéroté 10 (numérotage au crayon).

Les ff. du cahier *d* sont dans leur ordre normal. Il manque
donc, en somme, 5 feuillets y compris le f. *a i* que nous pouvons
supposer blanc.

h i

Le texte du *Viandier* finit au recto du dernier feuillet, dont le verso est blanc, par cet *Explicit : Cy finist le liure de cuysine nõme taillenant lequel ‖ traicte de plusieurs choses appartenant a cuysine*.

Plusieurs bibliographes ont cru voir dans le *Viandier* de la Bibliothèque de Grenoble une impression de Pierre Schenck qui exerça son industrie à Vienne, en Dauphiné. Mais il ne sauroit exister aucun doute à cet égard. Un bibliophile grenoblois, M. Chaper a comparé cette édition du *Viandier* avec le *Clamades* imprimé par Schenck, et il a consigné, dans une note adressée à M. Claudin qui a bien voulu nous la communiquer, la différence existant entre les caractères employés pour ces deux ouvrages. Nous savons donc déjà que ce n'est pas une impression de Pierre Schenck ; il nous restoit à trouver par qui avoit été imprimée cette édition. Or, il résulte de l'examen attentif auquel nous nous sommes livrés que nous nous trouvons en présence d'une impression lyonnoise de la fin du xve siècle. Il nous paroît même certain que le *Viandier* de la bibliothèque de Grenoble a été imprimé avec les caractères de Jean du Pré qui a exercé, à Lyon, de 1486 à 1495 et qui, selon M. Thierry-Poux « ne serait pas le même que le grand typographe du même nom qui a imprimé à Paris et, momentanément, à Chartres et à Abbeville, tant de beaux livres pendant les vingt dernières années du xve siècle ».

Nous avons minutieusement comparé les caractères du *Viandier* avec ceux du *Boetius*, imprimé à Lyon, en février 1487 (1488, n. st.) et qui porte le nom de Jean du Pré. Les caractères sont identiques, à part toutefois une légère différence dans le T majuscule. Nous avons également, pour plus de garantie, mesuré au typomètre plusieurs lettres, majuscules et minuscules, et nous avons constaté que, dans l'un et l'autre ouvrage, elles étoient du même corps, identiquement.

Ajoutons que les caractères du *Viandier* sont très usés, ce qui peut faire supposer, avec quelque raison, que son impression doit être postérieure à celle du *Boetius* dont les caractères sont très nets, et qu'elle date probablement de la fin de l'exercice de Jean du Pré.

Nous donnons, à la page ci-contre, un *fac-simile* des caractères employés pour cette édition.

Cy apres sensuyt le vidoier pour appareiller
toutes manieres de viandes que tailleuent
quculr du roy nostre sire fist tant pour abil
ler et appareiller bouilly rousty poissons de
mer et deaue doulce/saulces espices et autres choses
a ce conuenables ⁊ necessaires cõme cy apres sera dit.
Et premierement ou premier chapitre

Brouet blanc de chappõs. Blanc mengier a poisson
Blanc brouet dalemaigne Salamine Brouet geor
get Braue de poisson Brouet de canelle a chair Aul
tre brouet a chair Cretonnee a poix nouueaulx ou a
feues maigre potaige Cretonnee despaigne Creton
nee a poisson Brouet vert a veau ou a poulaille. grai
de brouet vert a poisson Brouet bousse a veau ⁊ pou
laille Ciue de lieure Braue dalouectes et descreuisses
Chaudume a anguille et brochet Souppe a moustar
de Trimolete de perdris Semee a connins Gibelett
doiseaulx de riuiere Bouilly larde a connins et pou
laille Brouet rappe a veau poulaille venoisõ aux sou
pes Venoison cheureul aux souppes Venoison san
glier aux souppes Souruge danguilles faulx grenon
froide sauce rousse a poissons ou a veau viole A pouf
fins et veau gelee A chair vinaigrete Bousac de lye
ure Oyes a la traison ⁊ ris arbaleste de poisson Bro
chetz anguilles a la galentine Lait larde morterel Sa
bourot de petis poussins Brouet de cailles cresme frit
te haricob brun fromaige de teste de sanglier Espau
le farcye de mouton mouteaux poussins farcis Estar
gon a poisson et a chair faisans et pans armes fayc
tes telle poree de ... Juce de beuf et taine de vache frã

IV

Si sensuit le viandier pour appareiller toutes ‖ manieres de viãdes que tailleuant queux du ‖ roy nostre sire fist pour appareiller Boully, ‖ Rousty Poisson de mer et deaue doulce, saul ‖ ces, espices, z autres choses a ce cõuenables et necessaires ‖ comme cy apres sera dit… — *Sans lieu, ni date,* in-4° de 26 feuillets non chiffrés, de 32 lignes à la page pleine, signés *a-d,* caractères gothiques.

Les cahiers *a, b, c* sont composés de six feuillets ; le cahier *d,* de huit. Le f. *ai* qui manque dans l'exemplaire que nous décrivons *(Bibl. de l'Arsenal,* S. et A, n° 6128) pouvoit être blanc ; le texte de l'ouvrage commence au recto du f. *a ii* par le titre de départ transcrit plus haut et finit au recto du dernier feuillet (verso blanc) par ces mots : ℭ *Cy finist le liure de cuysine nomme Taillenant* (sic) *lequel* ‖ *traicle de plusieurs choses appartenantes a cuysine.* Le dernier feuillet est, en partie, coupé horizontalement.

Le filigrane que l'on trouve dans la pâte du papier au f. 5 du cahier *a* est la *roue dentée ;* ce filigrane se rencontre spécialement à Lyon ; un autre filigrane que l'on voit au f. 6 du cahier *d* est une *paire de cisailles.* Au verso du dernier feuillet, sous le papier qui a servi à renforcer la page, on aperçoit encore une espèce de table manuscrite d'opuscules qui se trouvoient, selon toute vraisemblance, primitivement reliés avec le *Viandier.* On y lit : *Macer de virtutibus herbarum, Lucydayre, Remedium contra pestem,* etc., opuscules publiés à Lyon ou dans la région. Comme les filigranes dont nous avons parlé plus haut ne se trouvent point dans les impressions de Paris, on doit en conclure que le livre est sorti des presses lyonnoises, sans pouvoir cependant en déterminer l'imprimeur. L'impression de ce *Viandier* paroît pouvoir être fixée de 1500 à 1520.

V

Cj sensuit le viander *(sic!* pour appareiller toutes || manieres
de viandes que tailleuãt queux du || roy nostre sire fist
tãt po' abiller et appareiller || bouilly rousty poisson de
mer ꞇ deaue doulce || saulces espices et autres choses a
ce conue || nables et necessaires cõe cy apres sera dit....
— In-4° de 24 feuillets non chiffrés, de 33 lignes à la page,
signés A-C, caractères gothiques.

Les cahiers se composent de huit feuillets. Le feuillet *A i*
manque dans l'exemplaire que nous décrivons (Bibl. Nat., *Inv.
Réserve*, V 1668), de même que le 8ᵉ feuillet du cahier *C*. Une
note inscrite sur cet exemplaire dit que, sur le feuillet *A i* se
trouvoit le titre suivant : *Le liure de Cuysine nomme tailleuant.*
Nous ignorons si l'auteur de la note avoit vu un autre exemplaire
avec ce titre ou si c'est une conjecture qu'il a faite. Dans ce
dernier cas, il se pourroit que le feuillet *A i* soit un feuillet
blanc et que le titre de départ placé au recto et en tête du feuillet
A ii tienne lieu de titre.

Le dernier feuillet manquant, nous ne pouvons affirmer que
cette édition soit sans lieu ni date ; car l'un et l'autre pourroient
s'y trouver. Cependant, le filigrane du papier où se voit la *roue
dentée* nous autorise à dire que c'est une impression lyonnoise,
sans que nous puissions l'attribuer à tel ou tel imprimeur. Quant
aux caractères, ils ressemblent beaucoup à ceux employés, de
1493 à 1503, par Guillaume Balsarin, libraire et imprimeur à Lyon,
notamment à ceux qui ont servi pour la *Grande nef des folz du
monde* (1498), mais il se présente aussi de trop grandes dissemblances pour que nous puissions attribuer cette édition du
Viandier à cet imprimeur.

VI

Tailleuãt || Grant cuysinier du Roy de france || — *Sans date*,
in-8° de 32 feuillets non chiffrés, de 28 lignes à la page,
signés *A-D*, caractères gothiques.

Au titre, figure sur bois représentant trois personnages, deux
hommes debout dont l'un, bossu, porte deux volatiles qu'il tient
de la main gauche et un panier, de la main droite. A gauche,
on voit, à travers une lucarne, une tête de femme. Au-dessous
de ce bois, un autre bois assez étroit représentant des gens
attablés. Les cahiers sont composés de huit feuillets. Le texte
commence au verso du titre et finit au bas du recto de l'avant-
dernier feuillet par ces mots : ℭ *Cy fine le liure de cuysine nôme
Tail* || *leuent Nouuellement imprime a Paris* || *par Guillaume Niuerd.
Imprimeur de* || *mourât en la rue de la iuyfrie a lēseigne* || *Saint.
Pierre, ou a la premiere. Porte* || *du Palais.* Au verso de cet
avant-dernier feuillet, la marque de Guillaume Niverd ; au recto
du dernier, une figure sur bois : un ange dans un entourage
gothique ; et au verso, répétition de la marque de Niverd. Cette
marque, tirée sur deux feuillets consécutifs, est une circonstance
très rare en bibliographie.

Cette édition a dû être imprimée entre 1516 et 1521, probablement en 1520 ; suivant M. Harrisse *(Excerpta Colombiniana)* et con-
trairement à ce que dit Lottin, Niverd auroit pris sa marque
en 1511.

Décrit d'après l'exemplaire de Beckford et de Duquesnoy,
maire du IIe arrondissement de Paris, (vente du 7 mars 1803,
n° 245, vendu 2 fr.), aujourd'hui faisant partie de la collection de
M. le baron Pichon.

VII

Tailleuēt || Grant cuisinyer du || Roy de France. || — *Sans
date* (vers 1520); in-8° de 32 feuillets non chiffrés, de 28
lignes à la page, signés *A-D*, caractères gothiques.

Au titre, même figure sur bois que dans l'édition précédente,
moins le petit bois qui se trouve au-dessous. Au recto du
31ᵉ feuillet : ℂ *Cy fine le liure de cuysine nôme Taille* || *uent
nouuellement imprime a Paris par* || *Guillaume Nyuerd Imprimeur
demou* || *rant en la rue de la iuyfrie a lymage sainct* || *Pierre ou
a la premiere porte du Pallays.* Le verso du 31ᵉ feuillet et le
recto du 32ᵉ sont blancs. Au verso de ce dernier, marque de
Guillaume Niverd.

A remarquer que le nom du cuisinier de Charles V est
écrit sur le titre : *Tailleuēt* et non *Tailleuāt*, comme dans la
précédente édition.

Un exemplaire de cette édition, relié par Mouillié, en maroquin
vert, ayant appartenu à M. Bourdillon (n° 46 du cat. de 1830),
puis à M. le Bᵒⁿ J. Pichon a été adjugé, (n° 272 du cat. de 1869)
550 fr., plus les frais; le même, avec la même reliure, s'est
vendu 1.600 fr. (n° 107 du cat. de 1888, La Roche-Lacarelle),
puis en 1890 (n° 189 du cat. Marquis), 1.580 fr. Il fait aujourd'hui
partie de la collection de M. Théodore Drexel, à Francfort-sur-
le-Mein.

VIII

Le liure de tail || leuent grant cuy || sinier du Roy de || France.
— *Sans date*, (vers 1520), petit in-8° de 32 feuillets non
chiffrés, de 27 lignes à la page, signés *A-D*, caractères
gothiques.

Au titre, même figure sur bois que dans les éditions données par Guillaume Niverd. Le texte commence au verso du titre et finit au recto du 32ᵉ feuillet, dont le verso est blanc, par ces mots : ℭ *Cy fine le liure de cuysine nomme Tail* || *leuant nouuellement imprimee a paris en* || *la rue neufue nostre dame a lenseigne de les* || *cu de France.*

L'exemplaire de cette édition que possède la Bibliothèque Nationale *(Inv. Réserve. V. 2613)* et qui provient de la vente Mac-Carty est incomplet des ff. 6, 7 et 8 du cahier *A.*

Nous l'attribuons à Jehan II Trepperel.

IX

Le liure du grant ⁊ tresexellent || cuysinier Tailleuent. Lequel || est vtille ⁊ proffitable a toutes manie || res de gens Lesquelx ce veullent mes || lez dabillez toutes sortes de viandes || tant fresches q̄ sallees Aussi de poys || sons de mer q̄ deaue doulce. Pour le || seruice de Roys, Prīces, q̄ en aultres || grosses maisous (*sic*). — *Sans lieu, ni date ;* pet. in-8ᵒ de 56 feuillets non chiffrés, de 22 lignes à la page, signés *A-G,* caractères gothiques.

Au-dessous du titre, l'une des marques de Pierre Gaudoul qui fut libraire à Paris de 1514 à 1534. (Silvestre, *Marq. typ.,* t. I nᵒˢ 22, 476, et 689). La devise: *Sic. Luceat. lux. vestra. Mat. 5.,* qui se lit ordinairement au bas de cette marque a été remplacée ici par le mot *Tailleuent.*

Le texte commence au verso du titre et finit au verso du dernier feuillet.

Cette édition (Biblioth. Nat., *Inv. Réserve,* V 2612) contient de curieuses additions à l'œuvre de Taillevent que nous reproduisons plus loin.

X

Le liure de tailleuant grant cuisinier du Roy de France. *On
les vent a Parys en la rue neufue nostre Dame a lenseigne
de lescu de France. — Sans date*, pet. in-8", caract. goth.

Edition donnée vers 1532.

A la fin : *Cy fine le liure de cuisine nomme Tailleuât nou-
uellement imprime a Paris par Alain Lotrian et Denis iannot
demourans en la rue neufue nostre Dame a lenseigne de lescu de
France.*

XI

L E Cuisinier
Tailleuent.

Sans lieu ni date. petit in-8° de 28 feuillets non chiffrés,
de 32 lignes à la page, signés *A-D*, caractères gothiques.

Les cahiers *A, B, C* sont composés de huit feuillets, le cahier *D*
de quatre.

Brunet, *Manuel*, t. v. col. 647. cite cette édition. mais il ne
compte que 24 feuillets. Il est à présumer que l'auteur du *Manuel*
n'aura vu que l'exemplaire incomplet de la Bibliothèque Nationale (*Réserve*, Z 2122 F. 7) qui n'a. en effet. que 24 feuillets. Le
dernier cahier manque. De combien de feuillets se compose ce
cahier ? C'est. sans doute. de quatre. car le texte qui manque.
dans cette édition. ne sauroit tenir dans deux feuillets et il
n'en manque toutefois pas assez pour en occuper plus de
quatre. Il se peut que le dernier feuillet soit blanc comme
il se peut aussi qu'à ce dernier feuillet se trouve le nom de
l'imprimeur. son adresse. la date de l'impression.

i i

XII

❡ Le liure de ‖ tailleuent grant cuy ‖ sinier du Roy de ‖
France. ‖ — ❡ *On les vend a Lyon, en la maison* ‖ *de feu
Barnabe Chaussard, pres* ‖ *nostre dame de Confort.* (1545), —
Petit in-8° de 44 feuillets non chiffrés, de 22 lignes à la
page, signés *A-F*, caractères gothiques.

Les cahiers *A, B, C, D, E* se composent de huit feuillets, le
cahier *F*, de quatre. Au titre, figure sur bois représentant quatre
personnages à table ; dans le coin gauche, un écuyer servant.

Le texte commence au verso du titre et finit au verso du
dernier feuillet par ces mots :

❡ *Cy finist le liure de Tailleuẽt grant* ‖ *cuysinier. Imprime nou-
uellement : a la* ‖ *maison de feu Barnabe chaussard, pres* ‖ *nostre
dame de Confort.* M. D. X. L. V.

La Bibliothèque Nationale (*Inv. Réserve* V 2615) possède
l'exemplaire de MM. Coste et Yemeniz qui, à la vente du
dernier de ces deux bibliophiles, a été adjugé, en maroquin vert,
doublé de maroquin citron (Bauzonnet), 850 francs. Cette édition
est portée au cat. Yemeniz (n° 903) comme ayant été publiée
en 1515, et au catal. Coste, (n° 539) en 1510. Il y a là une erreur
évidente, puisque le titre porte *en la maison de feu Barnabé
Chaussard* et que Barnabé Chaussard a exercé jusqu'en 1515.
Ce qui a pu causer cette erreur, c'est que la lettre placée entre
l'*x* et le *v*, de la date, est très peu visible dans l'exemplaire
Yemeniz. En la regardant attentivement, on reconnoît que c'est
une *l* qui, selon toute vraisemblance, se sera cassée au tirage.
A supposer que ce soit un *i*, nous aurions 1514 et non 1515. Or,
en 1514, Barnabé Chaussard étoit encore vivant.

Un exemplaire de cette édition, provenant de la bibliothèque
de M. Rouard, figure au cat. du B⁰ⁿ James de Rothschild (n° 283)
Ajoutons qu'à la vente du duc de la Vallière, (n° 1710 du cat. de
Bure) un exemplaire de l'édition donnée par Barnabé Chaussard
s'étoit vendu 3 livres !

XIII

Le || Livre de || Tailleuēt grant || Cuysinier du Roy de ||
France. || Contenant l'art : & science d'appa || reiller
viandes : à sçauoir boul- || ly, rousty : poisson de mer &
|| d'eau douce : sauces, espices & || autres choses a ce conue-
nables || comme cy apres sera dit. || *A Lyon,* || *Par Benoist
Rigaud.* || 1580 — In-16 de 96 pages chiffrées.

XIV

Le Livre de Taillevent Grand cuysinier du Roy de France.
Contenant l'art et science d'appareiller viandes : à sçavoir
boully, rousty : poisson de mer et d'eau douce : sauces,
espices et aultres choses à ce conuenables. *A Lyon, chez
Pierre Rigaud,* M. DC III, in-16.

Édition qui figure au catal. Yemeniz (n° 904) mais que nous
n'avons pas vue.

Brunet, *Manuel,* t. V, col. 648, cite une édition de 1602, in-16,
portant également le nom de Pierre Rigaud [1].

---

(1) M. Quérard, *Superch. littér.,* tome III, col. 756, cite l'édition suivante :

— Taillevent, grand cuysinier du Roy de France. — *Paris, s. d., pet. in-8° goth.*

Et il ajoute : réimprimé sous ce titre :

Livre de cuysine tres utile et profitable... par le grand escuyer de cuysine.
Paris, s. d., (marque de Pierre Sergent), pet. in-8° goth., fig. s. bois.

M. Quérard s'est trompé et bien d'autres avec lui. Le *Livre de cuysine* n'est pas
une réimpression du *Taillevent :* les deux ouvrages, bien que datant tous deux du
XIVe siècle, sont néanmoins absolument distincts, et le texte du premier diffère
essentiellement de celui du second. Le *Livre de Cuysine très utile* est le même
ouvrage que le *Grand Cuisinier de toute cuisine,* que le *Livre fort excellent de
Cuisine* et que le *Livre de honneste volupté.* (Voyez *Bibliographie gastronomique,*
col. 227, 367, 526, 527 et 529.)

XV

Le || Livre de || Taillevent || Grand Cuysinier de || France. ||
Contenant l'art : & science d'appareiller || viandes : à
sçauoir boully, rousty : pois- || son de mer & deau douce :
sauces, es || pices & autres choses à ce cōuenables : || comme
cy apres sera dit. || *A Lyon,* || *Chez Pierre Rigaud en ruë*
Merciere au || *coing de rue Ferrandiere.* || M. DC IIII. —
In-16 de 96 pages chiffrées.

Fig. sur bois de l'édition de 1545.

MANUSCRIT

DE LA

BIBLIOTHÈQUE NATIONALE

Cy comence le Viandier de Taillevant Maistre queux du Roy nostre sire.

Pour ordenner les viandes[1] qui cy après s'ensuivent

Premièrement.

Pour dessaller tous potages sans y metre ne oster[2], prennés une nappe blanche et mettés sus vostre pot, et la tournés souvent, et tirés arrière le pot du feu.

Pour oster l'arsseure[3] de tous potages, prenés un pou[4] de levain et le liés en un drapel[5], et metés ou pot, et ne li lessiés gueires.

Bouture[6] de grosse char, c'est porc, buef, mouton. Cuit en eaue et sel, et mengier aux aulx blans ou vers, ou au verjus, se elle est freiche, et, sallée, à la moustarde.

---

(1) Le mot *viandes* ne s'applique pas seulement ici à la chair des animaux : il faut entendre par ce mot toute espèce de nourriture solide telle que pain, poisson, volaille, légumes. — (2) Le ms. de la Biblioth. Mazarine écrit : *Sans y mectre aigue, ne vin, ne aultre liqueur.* — (3) Le goût de brûlé. — (4) Un peu. — (5) Linge. — (6) *Boulitures*, dans le ms. de la Bibl. Mazarine, signifie *bouilli*.

Hericoq [1] de mouton tout cru, et le metés frire ou sain de lart, depecié par menus pecies [2], aveques oingnons minciés [3], et deffaites [4] du boullon de buef, du vergus [5], percil, ysope et sauge, et boullés tout ensemble, et fine poudre d'espices.

Bouli lardé. Prennés vostre grain [6] et le lardés et cuisés en eaue, vin et percil metés seulement, et du saffren qui y veult.

Chevriaux [7] sauvages, comme serf. *Item* en pasté, parboullie et lardée ; mengier comme dit est.

Sengler frais. Cuit en vin et en eaue, à la cameline ou au poivre egret ; la salée, à la moustarde.

Chappons aux herbes ou veel. Cuisés en eaue, et du lart, percil, sauge, ysope, vin, verjus, saffren et gingembre.

Potaiges [8] lians.

Chaudun de porc [9]. Cuisés en eaue, puis la metés par pièces, et frisiés [10] en sain de lart, du gingembre, poivre lonc

---

(1) *Haricotus*, ms. Bibl. Maz. : *Heriquot*, ms. de La Haye-du-Puits : *Hericot*, *Ménagier*, t. ii. p. 148. C'est notre *haricot de mouton* actuel. — (2) Par *pièces*, par morceaux. Du bas latin *pecia*. — (3) Coupés en petites rondelles. — (4) Delayez, mouillez. — (5) *Verjus*. Ce mot est tantôt écrit *verjus*, tantôt *vergus*. — (6) Partie solide d'un mets composé de solide et de liquide. — (7) Chevreuils. — (8) Le mot *potage* n'a pas ici la signification que nous lui donnons aujourd'hui : on appeloit ainsi certains mets de résistance composés de viande, de volaille ou de poisson. — (9) « Le chaudun, ce sont les boyaulx que l'en dit l'entrecerele des boyaulx et aussi sont-ce les boyaulx menus dont l'en fait boudins et saucisses, et aussi en est la pance. » *Ménagier*, t. ii. p. 128. — (10) Faites frire. L'auteur du *Ménagier* explique, t. ii. p. 151, la différence qu'il y a entre *frire* et *seurfrire* ou *suffrire*, expression que l'on rencontre fréquemment dans le manuscrit de Taillevent. « L'en dit *seurfrire* pour ce que c'est en un pot et se c'estoit en une paelle de fer, l'en diroit frire. »

et du safren, pain hallé [1], et trempés en eaue de buef (car son boullon sent le fians) [2], ou en lait de vache qui veult, et passés parmi l'estamine: puis prennés [verjus] esgrené [3] cuit en eaue et metés les grains en vostre potage sur le point de servir, et fillés moieux d'uefs [4] dedans, et faites boulir.

CRETONNÉE [5] DE POIS NOVIAUX. Cuisés les jusques au purer [6], et frisiés en sain de lart: puis prennés lait de vache ou d'almendes, et le bouillés [7] une onde [8], et metés vostre pain dedans vostre lait; prennés gingembre et saffren broié, et deffaites de vostre bouillon, et faites boulir: prenés poulles cuites en eaue, et les metez dedans par quartiers, et frisiés: puis metés boullir avecques: puis traiés [9] arrière du feu, et fillés [10] moieux d'oeufs grant foison.

CRETONNÉE DE FEUVES NOUVELLES. Auxi comme dit est des pocs nouviaux [11].

COMMINÉE [12] DE POULAILLE. Cuisés la en vin et en eaue, puis la despeciés par quartiers, et la frisiés en sain de lart:

---

(1) Roti. — (2) C'est du bouillon de porc qu'il s'agit. — (3) Le mot *verjus* a été oublié: il figure dans la recette correspondante du ms. de la Bibliothèque Mazarine. — (4) Jaunes d'œufs. On trouvera également le mot *œufs* écrit *ouefs*. — (5) Cette recette, à quelques mots près, est la même dans le ms. de La Haye-du-Puits. — (6) Jusqu'à ce qu'ils se soient mis en purée. — (7) Écrit *bouillés* dans le ms. — (8) Comme on dit aujourd'hui communément, *un bouillon*, dans le sens de laisser bouillir un instant. — (9) Retirez du feu. — (10) Ajoutez en laissant tomber doucement et de haut. — (11) Pois. Cette recette, ainsi que la précédente, est plus étendue dans le *Ménagier*, t. II, p. 159: elle se trouve également dans le *Grand Cuisinier*, ff. 7 et 81. — (12) Le nom de *comminée* ou *cominé* semble dériver de celui d'une des épices qui entroient dans la composition de ce mets, le *comin* ou *cumin*. Nous ne le voyons, en effet, figurer que rarement parmi les nombreuses graines indiquées dans les recettes du Viandier, et tous les mets dans lesquels entre le cumin portent le nom de *comminée*.

prennés un pou de pain trempé en vostre boullon, et le coullés ; et metés boullir aveques vostre grain ; prennés un pou de gingembre et un pou de comin, deffaites de verjus et de vin : puis prenez moyeux d'oeufs grant foison, et batés lez bien, et fillés avecquez vostre potage arrière du feu.

Brouet de canelle. Cuisés vostre poulaille en eaue et vin, ou autre grain, et despeciés par quartiers, et friolés [1] ; prennés almendez toutes seiches, et cuisés sans peller, et de canelle grant foison ; broiés, coullés [2], et deffaites de vostre boullon de buef, et boulliés [3] bien aveques vostre grain, et du vergus ; et prennés gingembre, girofle, graine de paradis [4], et soit liant [5].

Cominé d'almendes [6]. Cuisiés vostre poulaille en eaue, et la descoupés par quartiers, et frisiés en sain de lart ; prennés almendes pellées, deffaites de vostre boullon, et metés boullir sur vostre grain, et gingembre, et comin deffait de verjus et de vin ; et tousiours se lie [7] d'elle mesmes.

Brouet gorgié [8]. Prennés vostre grain et le despeciés, et prennés percil effueillis et oingnons menus minciés, et metés surfrire [9] en sain de lart ; puis prennés des foies [10], pain halé, et vin, et boullon de buef, et faites bien boullir ensemble ;

---

(1) Faites revenir. — (2) Passez dans un tamis. — (3) Écrit *bulliés* dans le ms. — (4) Plus connue aujourd'hui sous le nom de *maniguette*. On l'emploie pour donner du montant aux eaux-de-vie et aux vinaigres, et surtout pour falsifier le poivre. — (5) Recette analogue dans le *Grand Cuisinier*, f. 1, et dans le *Ménagier*, t. II. p. 163. — (6) Voir note 12. p. 5 — (7) Écrit *lielle* dans le ms. — (8) Écrit *georget* dans le *Grand Cuisinier*, f. 2 ; *georgié*, *georgé*, *gorgié* dans le *Ménagier*, t. II. pp. 97, 98, 163, 164. — (9) Écrit *sus frire* dans le ms. — (10) Écrit *deffoies* dans le ms.

puis affinés [1] gingembre, girofle, saffran, et deffaites de vergus, et que vostre bouillon soit liant.

Brouet rousset [2]. Prennés vostre grain et oingnons minciés par rouelles, et percil effueillié, et metés surfrire [3] en sain de lart : puis prennés pain et foies, et coullés ou bouillon de buef et en vin, et metés boullir avecques vostre grain : puis prennés fines espices, gingembre, canelle, girofle, graine de paradis, fleur de canelle, destrempés de vergus : et soit rous.

Une vinaigrete. Prennés menue hate [4] de porc, et ne la rosticiés pas trop : puis la descoupés, et oingnons par rouelles, et frisiés en sain de lart dedans un pot sur le charbon, et ostés souvent le pot, et quant il sera cuit, si y metés bouillon de buef plain, et metés boullir sur vostre grain : puis affinés gingembre, graine de paradis et un pou de saffran, deffaites de vin aigre, et metés tout boullir ensemble : et se doit lier de soi mesmes, et est brune.

Civé de menus oisiaux [5]. Prennés vostre grain et metés frire en sain de lart très bien : puis, prennés pain hallé, et deffaites de boullon de buef, et coullés, et metés avecques vostre grain : affinés gingembre, canelle, un pou de vergus, et faut boulir ensemble : et doit estre tendre et non pas trop liant.

Blanc brouet de chappons. Cuisiés en vin et en eaue, puis despeciés par membres, et frisiés en sain de lart : puis

(1) Epluchez. — (2) Même recette. *Gr. Cuis.*, f. 2 ; *Ménag.*, t. ii. p. 164. — (3) Écrit *sus frire* dans le ms. — (4) La rate. Dans le ms. de la Bibl. Mazar., cette recette s'appelle : *Menue haste de porc; Gr. Cuis.* ff. 24 et 29 ; *Ménag.*, t. ii. p. 161. — (5) Même recette que la *Grainne de menus oysiaulx* dans le ms. de la Bibl. Mazar.

boullés d'almendes [1], et des brans [2] de chappons, et foiez, et deffaites de vostre bouillon, et metés boulir sus vostre grain ; puis prennés gingembre, canelle, girofle, poivre lonc, caringal [3], graine de paradis, et faites tout boullir ensemble ; et y fillés moieux d'œufs bien batus.

Bousac [4] de lièvre ou de conis [5]. Hallés [6] en broche et suffrisiés en sain de lart ; prenés pain brullé [7], et vin, et bouillon de buef ; coulés, boullés ensemble ; puis prennés finez espices, sans saffren, destrempé de verjus ; et soit brun noir, et non pas trop liant.

Houdons [8] de chappons. Cuisiés les en vin et en eaue, puis les metés par quartiers, et friolés en sain de lart; puis prenez un pou de pain brullé deffait de vostre boullon, et boulliés avecques vostre grain ; puis affinés fines espices sans saffren, deffaites de vergus ; et ne soit pas trop liant.

Brouet d'ailmengne, de char, ou de conis, ou de poulaille [9]. Prenés vostre char, et la despeciés, et suffrisiés en

(1) Boullés des almendes ? — (2) Le mot *brans* semble avoir été mis ici à la place de *blancs*. Le *Gr. Cuis.*, f. 9, n'indique pas les *brans*, mais seulement les foies : le *Ménag.*, t. ii, p. 149, mentionne les deux, le ms. de La Haye-du-Puits ne parle que des foies. Le mot *blancs* auroit sa raison d'être et, au lieu de *boullés*, il faudroit lire *broiés* ainsi que cela est écrit dans les recettes des ouvrages que nous venons de citer. Le *Thrésor de santé*, éd. de 1607, p. 193, donne la recette du *Blanc manger de chapon* (ou blanc brouet) et il y est dit : « On broye bien menu le blanc du chapon bouilly auec amandes, etc., etc. » — (3) Pour *Garingal*. C'est la racine du Galanga, plante des Indes orientales. — (4) *Boussac*, ms. de la Bibl. Mazar.: *Boussaac*, ms. de La Haye-du-Puits; *Boussac*, *Gr. Cuis.*, f. 17, et *Ménag.*, t. ii, p. 153. — (5) Lapins. — (6) *Harler*, dans le *Ménag.*; mettez le d'abord à la broche. — (7) Grillé. — (8) *Hardouil, Hourdouil*, mss. du *Ménag.*; *Hardoil*, *Gr. Cuis.*, f. 29; *Hondel* ou *Houdel*, ms. de la Bibl. Mazar.: *Houdel*, Taillev. imprimé. — (9) *Ménag.*, t. ii, pp. 165, 276.

sain de lart, et oingnons menus minciés ; puis affinés almendes grant foisson, deffaites de vin ou de bouillon de buef ; puis faictes boullir avecques vostre grain ; puis affinés gingembre, canelle, girofle, graine de paradis, nois mugaites[1], bien pou de saffran ; et soit sur le jaune défait de verjus.

HOCHEPOT[2] DE POULLAILLE. Metés par membres suffrire en sain de lart, broiés pain brullé et vos foies, deffaites de bouillon de buef, et metés bouillir avecques vostre grain ; puis affinez fines espices deffaites de verjus ; soit noir cler, et non pas trop.

SUTIL[3] BROUET D'ENGLETERRE. Des chataingnes pellées cuites, et moyeux d'œufs cuis, et un pou de foye de porc tout broié ensemble, destrempé d'un pou d'eaue tiède ensemble, coullés, affinés poivre lonc, de saffren, et faites boullir tout ensemble.

BROUET DE VERGUS[4]. Prenez vostre poullaille ou autre grain, cuisés en vin et en eaue, et verjus, et que le goust de verjus passe tout[5] ; broiés gingembre, un pou de pain deffait de vostre bouillon, et moyeux d'œufs grant foison, coullés tout ensemble, puis metés sur vostre grain, quant il sera friolé, du lart à cuire.

BROUET VERGAY. Prennés vostre grain cuit en eaue et bouillon de buef, et du lart, si le friolés ; puis prennés gingembre, saffren, percil, et un pou de sauge qui veult, et moyeux d'uefs tous crus, du pain, passés par l'estamine, et du vergus, et du fromage qui veult.

---

(1) Muscade. — (2) *Horchepoult*, ms. de la Bibl. Maz. — (3) *Soubtifz*, ms. de la Bibl. Maz.; *soutil, soubtil, Ménag.*, t. II. pp. 157, 166. — (4) *Gr. Cuis.* f. 3, *Ménag.*, t. II, p. 167. — (5) Domine.

Rappé. Metés vostre grain frire en sain de lart sur le charbon, trempés du pain en bouillon de buef, et le coullés, et metés sur vostre grain ; puis affinés gingembre deffait de verjus et de vin mis en vostre boullon : prennés des grosselles ou du verjus esgrené, et metés dedans [1].

Civé de lièvres [2]. Rosticés tout cru en broche ou sus le gril, sans trop lessier cuire ; descouppés par pièces, et frisiés en sain de lart, et oingnons menus minciés [3] : prennés pain hallé deffait de vin et de bouillon de buef, ou de purée de pois, et boullés aveques |vostre| grain ; affinés gingembre, canelle et saffran, deffaites de verjus et de vin aigre ; et soit fort espicé.

Civé de conis. Doit estre ainsi fait comme civé de lièvres [4] ou bousac, comme dessus est dit.

Chapitres de ros

Porc au verjus. Aucuns y metent des oingnons, vin et verjus.

Item veel [5]. Soit parboulli et lardé ; à la cameline.

Item veel en pasté. Prennés poudre d'espices, saffran et vergus.

Pour faire fraise de veel. Prennés vostre grain, et descouppés bien menu ; puis le frisiés en sain, et broiés

---

(1) Même recette, mais moins détaillée, que celle intitulée *Brouet rappé* dans le *Gr. Cuis.*, f. 1. et que celle du *Ménag.*, t. ii, p. 168. — (2) Même recette dans le ms. de la Haye-du-Puits : plus détaillée dans le *Gr. Cuis.*, f. 4. et dans le *Ménag.*, t. ii, p. 169. — (3) Écrit *muciés* dans le ms., c'est-à-dire coupés en petites rondelles. — (4) Écrit *livres* dans le ms. — (5) Veau.

gingembre, saffren : prennés oeux tous crus, fillés sur vostre friture. Mengiés au verjus vert.

MOUTON EN ROST. Au sel menu, ou à la cameline, ou au verjus.

CHEVRIAUX, AINGNIAUX. Boutés en eaue boullant et traiés tantost [1], lardés et metés en broche, à la cameline.

[O]UES [2] EN ROST. Aux aulx blans ou vers ou au poivre jaunet ou noir.

POULÉS. A la froide sauge, ou verjus en rost, ou en pasté, aux espices et du lart, à cuire, et vergus de grain.

CHAPPONS, HÉTOUDIAUX [3], GELINES. Au moust [4], ou à la poetivine, ou à la jance.

CONIS EN ROST. Parboulis et lardés, à la canelle, et, en pasté, en poudre d'espices.

LIÉVRES EN ROST. Lardés, sans laver, à la cameline, et le bassinent [5] aucuns de telle saulce comme bourbier de sanglier.

Item LIÉVRES EN PASTÉ. Parboulli et lardé à la cameline ou à la [6] poudre d'espices.

BOURBIER DE SANGLIER. Metés en eaue boullant, et tirés tantost, et rosticés en broche, et le bacinés de saulce d'espices, c'est assavoir gingembre, canelle, girofle, graine de

---

(1) Retirez promptement. — (2) Oies. Cette recette est beaucoup plus détaillée dans le ms. de la Bibl. Maz. où elle est réunie à celle du *menu d'oies*. — (3) Poulet que l'on destine à devenir chapon, le *pullaster* des Romains. Écrit *Estoudeaulx*, ms. Bibl. Maz.; *Hestoudeaux*, dans le *Gr. Cuis.*, f. 18; *Huteaudaux*, dans Rabelais; *Hétoudeaux* dans le *Ménag*, t. II. p. 189, et *Estaudeaux* dans le *Thrés. de sant.* où il est dit « On chastre les estaudeaux & poulets a deux moys et demy ou a trois mois, en pleine lune, quand ils commencent à s'approcher des poules, tout le long de l'Esté jusqu'en Automne, si l'Hyuer est trop aspre jusqu'à la fin de Décembre ». — (4) Vin doux. — (5) Mettent en marinade. — (6) Écrit *au*, dans le ms.

paradis, du pain hallé trempé en vin ou verjus, et vin aigre, coullés et bacinés ; puis quant il sera cuit, despiécés par morssiaux, puis le boulliés en saulce ; et soit cleret et noir [1].

Toute venoison freiche, sans baciner, est mengié à la cameline.

PIJONS rostis à toutes les testes [2], au sel menu et, en pasté, aussy.

MENUS OYSIAUX. Plumés au sec, puis brullés [3] et melés en broche par le costé, et la ribete [4] de lart entre deux, au sel menu, et lessiés les piés.

PLOUVIERS, VIDECOQS [5]. Plumés à sec, brullés et lessiés les piés, enhastés [6] par le costé, et mengiés au sel menu.

PERDRIX. Plumés à sec, refaites en eaue boulant, boutonnés [7] de lart, au sel menu et, en pasté, auxi au sel menu.

TRUTERELLES. Auxi comme perdrix sans boutoner.

CINE. Plumés aussi comme une oe [8], eschaudés et arsonnés [9], et cuisiés à tous les piés ; qui veult, soit doré ; et au cuer soit fendu jusques aux espaules, et mengiés au poivre jaunet.

---

(1) Ecrit *Bourbelier*, *bourberel* dans le *Ménag.*, t. II, pp. 158 et 236 : *bourbellier*, dans le *Gr. Cuis.*, f. 16, où cette recette est différente. — (2) Avec les têtes. — (3) Veut dire ici : *flamber*, pour enlever le duvet qui reste après que l'oiseau a été plumé. — (4) *Ribelette*, dans le *Ménag.*, t. II. p. 139 : *ribelete*, ms. Bibl. Maz., bardes de lard dont on enveloppe les oiseaux avant de les embrocher. On appeloit aussi *riblette* une omelette aux lardons. — (5) Bécasse, en anglois *woodcock* : *vilecos*, ms. de La Haye-du-Puits ; *vuidecos* dans le *Gr. Cuis.*, f. 19. Le *Thrés. de Sant.* dit que cet oiseau ne doit pas « s'éventrer. » — (6) Embrochez (7) L'auteur du *Ménag.*, t. II. p. 88 écrit : « *Nota* que il y a différence entre les queux entre boutonner et larder, car boutonner est de girofle et larder est de lart ». Ici pourtant, le mot *boutonné* est pris dans le sens de *piquer avec du lard*. — (8) Oie. — (9) *Arçonnez*, dans le *Ménag.*, t. II, p. 183. Ce mot doit signifier : attacher à la broche à l'aide de petites brochettes retenant le roti. Le *Gr. Cuis.*, f. 19, dit, en effet : « Arçonnez de brochettes. »

PAON. Seignier auxi comme le cine, lessiés la teste et la queue, lardés et arsonnés, et dorés ; mengiés au sel menu [1].

FAISANS. Plumés à sec, et boutonnés, et sonnés [2], et qui veult soit refait en eaue boullant à tout la teste et la queue : au sel menu soit mengié.

[S] OGOINGNES [3]. Soient plumées comme une oe, lessiés les piés et la teste. Soient arsonnée et emflambée très bien : au sel menu.

HÉRON. Soit seingnié et fendu jusques aux espaules, puis arssonné et emflambé très bien, et doré, et lessiés les piés et la teste ; et mengiés au sel menu.

VISTARDES [4], GRUES, GANTES [5]. Cuissiés somme la seigoingne.

MALARS [6] DE RIVIÈRE. Plumés à sec, et rosticiés, et retenués [7] la gresse pour faire la dodine [8] ; et la faites de lait, ou de vin, ou de vergus.

---

(1) Recette différente dans le ms. de la Bibl. Maz. « Paons saulvaiges qui naist ès montaignes soit plumez comme le signe : puis soit fort boulir en vin et ung pol d'aigue, puis soit très bien lardés et rotiz en la broche. Il est meilleur à maingier froit que chault, et se garde bien longuement. L'on y trouve trois viandes de chart : cy une est semblable à chart de beuf, l'autre à chart de lièvre et l'aultre à chart de perdrix ». — (2) Le mot *sonnés* probablement mal écrit par le copiste pour : *arsonnés*. — (3) Cigognes. Un trou dans le vélin du ms. empêche de lire la première lettre du mot *Sogoingnes*. — (4) *Houstardes*, dans le *Gr. Cuis.*, f. 18 : *Outardes*, dans le *Ménag.*, t. II. p. 181. « Galien escrit que sa chair est moyenne entre celle des grues et des oyes, n'estant si dure ne si nerueuse que celle-là. Vray est qu'elle a vn goust sauoureux, toutesfois elle produit beaucoup d'excremens. » *Thrés. de sant.*, p. 227. — (5) On pourroit aussi bien lire *gances* ; le ms. de la Bibl. Maz. et le *Ménag.* écrivent *gentes.* La gante est une oie sauvage. — (6) Canards. — (7) Conservez, retenez. — (8) Écrit *dodien*, dans le ms. Il y a plusieurs sortes de dodine, mais il n'en existe pas de recette dans les mss. du *Viandier.* Le Taillevent imprimé, f. 24. v°, donne celle de la *Dodine* (de lait)

BUTOR. Aussi comme une segoine.

CORMORANT. Comme un haron [1].

POURCEL FARCI. Soit eschaudé, et bien lavé, et rosti, et la farce de l'essue[2] du pourcelet et de char de porc cuite, et des moyeux d'œufs cuis, du fromage de gain [3], chataingnes cuites et pelées, et de bonne poudre d'espices, et metés ou ventre du pourcelet ; puis rostir et baciner de vin aigre et de sain boulant ; mengier au poivre jaunet.

CHAPITRES D'ENTREMÈS

FAUS GUERNON [4]. Cuisiés en vin et en eaue des foies, des guisses[5] de poulaille, ou de char de veel, et la déhachiés bien menu, et frisiés en sain de lart; puis broiés gingembre,

---

et celle de la *Dodine de vertjus*. Le *Grand Cuisinier* en donne aussi plusieurs, *Dodine de tous oiseaux*, f. 42, *Dodine blanche*, *Dodine rouge*, f. 34; voici cette dernière, d'après le *Livre de honneste volupté*, Lyon, 1602, f. 36, qui est la réimpression du *Grand Cuisinier : « Prens du pain blanc & le fais rostir bien roux sur le gril, & la mets tremper en fort vin vermeil, puis faits faire des oignons par rouelles en saing de lard, & passe ton pain par l'estamine, puis pour espice, canelle, muscade, clou de girofle, & sucre & un peu de sel, & fais le tout bouillir ensemble avec la gresse de canard, & quand il sera cuit, jette sur ton canard, ou oiseau de riuière. »

(1) Héron. — (2) Pour *issue*. Ce sont les tripes. — (3) Le Dictionnaire de Trévoux mentionne un fromage *d'Auguin*, mais sa composition ne paroît pas se rapporter à celui dont il s'agit ici. Nous croirions plutôt que *fromage de gain* a trait à un fromage fabriqué en automne, comme l'Angelot ou Pont-l'Evêque (*Gaing*, automne, saison où l'on recueille les fruits de la terre, *Glossaire* de Roquefort). Godefroy dit que le *fromage de gain* est fait du lait tiré après la moisson, temps auquel ces laits sont toujours les plus gras. — (4) *Faulx grenon*, ms. de la Bibl. Maz.; *Ménagier*, t. II, p. 211, et *Grand Cuisinier*, f. 30. — (5) Gésiers. Ecrit *jousiers*, dans le ms. de la Bibliothèque Mazarine; *jugiers*, dans le *Ménagier*, t. II, p. 211; ce pourroit être le même mot, mal écrit, que le mot *guisiers*, dans la recette du *menus d'oies*.

canelle, girofle, graine de paradis, vin, verjus, bouillon de
buef ou d'icellui mesmes, et moieux d'oeufs grant foisson ;
coullés, deffaites de vostre grain, et faites bien boulir
ensemble, et un pou de pain et de saffran ; et doit estre bien
liant, sur jaune couleur, aigret de vergus. Au dressier, poudre
d'espicez de canelle.

MENUS D'OIES. Piés, foies, guisiers, faites cuire en vin et
en eaue très bien ; si metés vostre grain, quant il sera cuit,
en un plat, et du percil, et du vin aigre par dessus ; autrement, en lieu de percil et de vin aigre, metés lait lié de
moieux d'oeufs et de pain, de la poudre d'espices et un pou
de saffren, et dressiés sur les escueilles sanz percil et vin
aigre.

FORMENTÉE [1]. Prennés forment bien esleu [2], puis le
mouilliés de eaue tiède et le liés en un drapel ; puis batés du
pétail [3] dessus, bien fort, à tant qu'il soit tout espouillié [4],
et lavés très bien en eaue ; et quant il sera très bien cuit, si
le purés, et prennés lait de vache boulli une onde, puis
metés cuire dedans vostre forment, et tirés arrière du feu
et remués souvant, et fillés dedans moyeux d'uefs grant
foison ; et qu'il ne soit pas trop chaut, quant l'en les filera
dedans, et remués dedans, puis fines espices, et saffran un

---

(1) Fromentée. Cette recette est beaucoup plus complète dans le *Ménag.*, t. II.
p. 210. Le *Gr. Cuis.*, f. 41. donne une recette différente de celle du Taill. ms.. La
fromentée est une sorte de bouillie très nourrissante qui étoit en usage chez les
Romains et chez les Grecs. Galien dit que c'est un aliment fort nutritif que les
anciens faisoient avec de l'eau, du vin et de l'huile. Caton l'appelle *Polinta*. Le
peuple, en Italie, se nourrit encore aujourd'hui de *Polenta*, bouillie faite avec de
la farine d'orge. — (2) Bien trié. — (3) Pilon. — (4) Jusqu'à ce que le son soit
bien enlevé.

pou ; et doit estre un liant et jaunet ; et aucuns y metent de l'eaue de la venoisson.

TAILLÉS [1]. Prennés figues et raysins, lait d'almendes, et eschaudés [2], et galetes, croute de pain blanc coupé menu, et faites boullir le lait ; prennés saffran pour lui donner couleur, et sucre, et puis metés boullir tout ensemble, tant qu'il soit bien liant pour tailler.

MILLOT [3]. Mouilliés le en eaue chaude en trois paires [4] puis le metés en lait de vache fremiant [5], et n'y metés point de cueillier jusques ad ce qu'il ait bien boulli ; puis le metés jus du feu [6], et le batés du dos de la cueillier, puis le remétés sur le feu, et un pou de saffran, et metés boullir tant qu'il soit bien espès.

POULLAILLE FARCIE. Prennés vostre poulaille, et leur coupés le gavion [7], puis les eschaudés, et plumés, et gardés la pel saine [8], et sans refaire ; prennés un tuel [9], et le boutés entre le cuir et la char, et l'enflés, puis la fendés entre les espaules et ne faites pas trop grant trou, et lessiés tenans à la pel les elles [10] et le col à tout la teste et les piés.

POUR FAIRE LA FARCE. Prennés char de mouton, de veel, du porc, du blanc des poulles, hachiés tout ensemble tout cru ; puis les broiés en un mortier, et oeufs tous crus, aveques fromage de gain et bonne poudre d'espices, et un

---

(1) Recette analogue sous le nom de *Taillis* dans le *Ménag.*, t. ii, p. 211 et dans le *Gr. Cuis.*, f. 74. Ce dernier a, en outre, f. 29, le *Taillis de chair* et le *Taillis d'Angleterre.* — (2) *Eschaudés* est pris ici dans le sens d'échaudé, sorte de pâtisserie que l'on mange encore aujourd'hui. — (3) *Millet,* dans le *Ménag.*, t. ii, p. 176. C'est le millet qu'on donne aux oiseaux. — (4) C.-a-d. en trois eaux différentes. — (5) **Qui commence à bouillir.** — (6) Hors du feu. — (7) Gosier.— (8) **La peau, sans la déchirer.** — (9) Tuyau. — (10) Ailes.

pou de saffran, et sallés à point : puis emplez [1] vos poules et
recousés et, du demourant de vostre farce faites en ponmes [2]
aussi comme pastiaux de garde [3], et metés cuire en bouillon
de buef ou en eaue boulant, et du saffren grant foison ; et
qu'il ne boulent pas trop fort, qui ne se despiècent ; puis les
enbrochiés en une broche de fer bien déliée.

POUR FAIRE LES DORÉES [4]. Prennés grant foisson des moieux
d'oeufs avec du saffren broié et batu tout ensemble, et les
en dorés. Qui veult dorée verde, si prengne la verdure
broiée, puis des moyeux d'oefs grant foisson bien batus,
passés par l'estamine, et prennez la doreure, et en dorés ;
quant vostre poulaille sera cuite, et vous pourés [5] dressier
vostre broche ou vessel où sera vostre doreure, et y jetés
du lonc [6] vostre doreure, et remétés au feu, afin que vostre
doreure se prenne [7] par II foies ou par III, et gardés qu'elle
n'aist pas trop fort feu.

GELÉE DE POISSON QUI PORTE LIMON OU DE CHAR. Metés
cuire en vin, verjus, et vin aigre, et de l'eaue, et aucuns y

---

(1) Remplissez. — (2) Pommes. — (3) Le *Ménag.*, t. II. p. 214. écrit *pasteaulx de
guéde*. On doit plutôt lire *gaide*. La *guéde* ou *gaisde* est une espéce de plante
servant à la teinture : on en faisoit des pastilles ou pasteaux que l'on jetoit dans
les cuves pour teindre la laine. Ces pasteaux devoient avoir une grosseur
déterminée et Taillevent les aura pris comme point de comparaison. — (4) Dans
le *Ménag.*, t. II. p. 214. il y a *pour les dorer*. Cette recette n'y est que la continuation
des *Poulailles farcées*, et il semble que c'est par une erreur du copiste qu'elle est
ici placée comme une autre recette, car il s'agit de *dorer* les poulailles et non
de faire des *dorées*, sorte de pâtisserie. — (5) Au lieu de *vous pourés*, le *Ménag.*
écrit *vos pommes* ; cette version paroît plus vraisemblable. On a vu plus haut
qu'il s'agissoit de pommes qui ne sont probablement autre chose que des
sortes de quenelles ou de boulettes. — (6) Tout au long, dans le *Ménag.*, t. II.
p. 214. — (7) Écrit *ce prenre* dans le ms., pour *se prenne par deux ou trois fois.*

metent un pou de pain ; puis prennés gingembre, canelle, girofle, grain[e] de paradis, poivre lonc, nois mugaites et saffren [1]
broiés et deffaites de vostre bouillon, et metés aveques vostre
grain, et l'escumés tant comme il sera sus du feu, si
l'escumés à tant qu'il soit drécié. Après que il sera drécié,
si purés [2] vostre boullon en un vessel de boies [3], et le lessiés
ressuir [4], et metés vostre grain sur une blanche nappe ; et,
se est poisson, si lez pellés et metés les peleures en vostre
bouillon jusquez à tant qu'il soit coullé la derrenière foies,
et gardés que vostre boullon soit cler et net ; puis dressiés
vostre grain pessevelez [5] et metés vostre bouillon sur le feu
en un vessel cler et net, et faites boulir, et en boullant,
metés vostre bouillon en vos escuelles par dessus vostre
grain, poudrés dessus fleur de canelle et du macis, et puis
metés vos escuelles en lieu froit ; et se vostre bouillon n'est
bien net, si le coulés parmi une nape en II ou en trois
doubles ; et soit sallé à point.

LEMPROIE FRANCHE [6] A LA SAULCE CHAUDE. Soit saingnée
par la gueule et lui ostés la langue ; et y convient bouter
une brouche [7] pour mieux saignier, et gardés bien le sanc,
car c'est la gresse, puis la convient eschauder comme une
anguille, et rostir en broche bien déliée ; puis affinés gingembre, canelle, girofle, graine de paradis, nois mugaites et
bien pou de pain brullé trempé en sanc et en vin aigre, et du

---

(1) Dans la recette du ms. de la Maz., il entre, en outre de ces épices, du *cilion*
et du *folion*. — (2) Passez. — (3) Vase de bois. — (4) Reposer. — (5) Nous
n'avons pu trouver le sens de ce mot. — (6) *Fresche* dans les mss. de la Bibl. Maz.
et de **La Haye-du-Puits**. — (7) Broche de bois.

vin un pou, et deffaites tout ensemble; et faitez boulir une
onde : et lemproie toute entière ; et ne soit pas trop noire.

Lemproie en galentine. Saingniez la comme dist est, et
gardés le sanc, puis la metés cuire en vin aigre et en eaue
bien pou ; et, quant elle sera cuite, metés la refroidier sur
une nape blanche : prennés pain brullé, et deffaites de
vostre boullon, et coullés par l'estamine, et boullés le sanc
avec, et remués bien qui n'arde ; et, quant il sera bien
boully, si verssés en un mortier ou en une jate, et movés [1]
souvant jusquez ad ce qu'il soit refroidié; affinés gingembre,
canelle, girofle, graine de paradis, nois mugaites, poivre
lonc et deffaites de vostre boullon, et metés dedans ; puis
metés vostre poisson avec, dedans une jate, comme devant
est dit ; est noir.

Ris engoullé [2] au jour de mengier char. Cuisez le, et le
lavés très bien en eaue chaude, et metés seicher contre le
feu ; et metés cuire en lait de vache fremiant, puis du saffran
et du gras de bouillon de buef.

Entremès de cine revesté de sa piau a toutes les plumes [3].
Enflés le d'un tuel par entre les espaules, fendés le au lonc
par dessoubz le ventre, puis lui ostés la piau à tout le col
couppé après les espaules, et les ellez, les piés tenans au
corps ; puis rostir ou arssonner ; dorer quant il sera cuit, et
soit revestu en sa piau, et que le col soit bien droit ou plat [4];
et mengier au poivre jaunet.

---

(1) Remuez. — (2) Même recette dans le *Ménag.*, t. ii. p. 214. Au lieu de *Cuisez-
le*, il y a *Eslisez-le*, c.-à.-d. triez-le bien. et cette leçon est bien meilleure. —
(3) Recette plus détaillée dans le *Gr. Cuis.*, f. 27 ; *Ménag.*, t. ii, p. 184. — (4) Au plat.

Une froide sauge. Cuisés bien la poulaille en eaue, puis la metés refroidier ; broiés[1] gingembre, canelle, girofle, graine de paradis ; broiés bien sans couller : prennés percil et sauge, du pain le plus, et un pou de saffran, et de la verdure pour estre vergay, et coullés par l'estamine. Et aucuns y metent moyeux d'uefs durs, et deffont de vinaigre ; et metés sur vostre plat.

Soulz[2] de pourcel. Fait aussi comme d'une froide sauge et rasisse en eaue chaude, et lavé très bien sans metre nulz oeufs et mout de sauge.

Potaiges lians[3].

Comminée de poisson cuit en aue ou frit en huille. Prennés almendes destrempées de vostre boullon, ou de purée de pois, ou de eaue boullie, et en faites du lait, et metés boullir. Prennés gingembre et comin défait de vin et de verjus, et metés boullir aveques vostre lait ; et y faut du sucre.

Brouet vergay d'anguilles. Escorch [iés] ou eschaudés[4], metés cuire en eaue, et percil, pain, saffren bien pou, en la verdure deffait de vostre bouillon[5], puis gingembre deffait de verjus, et tout boully ensemble ; et de bon formage qui velt.

---

(1) Écrit *braiés* dans le ms. — (2) Ecrit *Sous de pourcelet* dans le *Ménag.*, t. II, p. 215. Le *Dictionnaire pratique du bon ménager* de Liger donne une recette analogue sous le nom de *Souce*. Le *Ménag.*, t. II, p. 231, dit « *Nota* que le mot *soucié* est dit de *soux* pour ce qu'il est fait comme *soux* de pourcel. » ···(3) On a déjà vu plus haut un chapitre de *Potaiges lians* (de char) : celui-ci est consacré aux *Potaiges lians sans char*. — (4) Recette différente dans le *Gr. Cuis.*, f. 51, et dans le *Ménag.*, t. II, p. 171. — (5) Le copiste avoit écrit : *et de purée de pois,* et a rayé cette phrase.

GRANE [1] DE LOCHE. Prennés pain hallé, purée de pois ou eaue boullie, passez parmi l'estamine, puis metés boullir ; et prendre de fines espices, sans poivre, et du saffren deffait de vin aigre, puis dez oingnons minciés fris, et boullir tout ensemble ; puis frisiés vostre loche en huille, sans farine, et ne la metés pas boullir, mes [2] dressiés sur vostre boullon.

CHAUDUMEL [3] AU BESCUIT DE BROCHIEZ OU DE LUSIAUX [4]. Rosticiés vostre poisson sur le gril ; prennés pain [destrempé de] [5] purée de pois ou eaue boullie, vin, verjus, gingembre, saffran ; coullés et faites boullir, et metés sur vostre grain, et la boullés dedans : et soit jaunet.

[U]NE SORINGUE [6]. Eschaudés ou escorchiés vos anguilles, et descouppés par tronçons, et oingnons par rouelles, et perçil

(1) Ecrit *Graingne* et *Grainne* dans le ms. de la Bibl. Mazar. D'après Godefroy qui écrit *grané*, c'est une sorte de ragoût. Les imprimés écrivent *gravé*, mais il est plus naturel d'écrire *grane*, les mots *graingne* et *grainne* écrits dans le ms. de la Bibl. Maz., voulant bien dire *graine*. Cette circonstance semble prouver que le mot *gravé* donné dans le *Ménagier* est fautif : il faut lire *grane* (graine).— (2) Mais. — (3) Le *Gr. Cuis.*, f. 43, écrit *Chaudumer* : le *Ménag.*, t. II. p. 173, *Chaudumée*. C'est le même plat, mais ces recettes sont différentes. Même recette dans le ms. de la Bibl. Mazar. sous le nom de *Civel de besthet*. Le mot *besthet* (beschet, dans le *Ménag.*, t. II. p. 101) doit être mal écrit : il doit s'agir du *becquet*, nom que, suivant Belon, l'on donnoit en Anjou et dans le Maine, au brochet. — (4) Brochets et brochetons. — (5) Les mots *destrempé de*, nécessaires au sens, ont dû être omis : ils se trouvent dans la recette du ms. de la Bibl. Mazar. — (6) Même recette dans le *Ménag.*, t. II. p. 173 : il y a *Estauvés* au lieu de *Eschaudés*. La *Soringue* qui est également dans le *Gr. Cuis.*, f. 52, a une grande analogie avec le *Brouet sarrasinois* du *Ménag.*, t. II. p. 172 et avec la recette suivante du ms. de la Bibl. Maz.. *Brouet serrazines :* « Escourchiez anguilles, et les coppés par tronssons, sans poudre de sel, et les frissiez en huille : puis prener gigimbre, cannelle, giroffle, graine, garingal, poivre long et du saffrain : et deffaicte de vin et de verjus : et faicte boulir tout ensamble et voz anguilles avecques : et ne soit pas troupt lyant » Cette recette n'est pas dans le ms. de la Bibl. Nation.

1 i

effueillié et frisiés tout ensemble en huille. Prennés pain
hallé et purée de pois, ou eaue bouillie, du vin plain; coullés
et metés ensemble boullir ; prennés gingembre, canelle,
girofle et saffran deffait de verjus, et metés boullir aveques ;
et ne soit pas trop liant, et ait saveur bien aigre.

Civé d'oïstres [1]. Eschaudés les très bien, frisiés en huille;
prennés pain halé trempé en puré de pois ou en eaue et vin
plain [2], coullés, puis gingembre, canelle, girofle, graine de
paradis et saffran, deffaitez de vin aigre, et oingnons fris en
huille ; et faites bien boullir tout ensemble ; et soit bien
liant, et jaunet, et sallé à point.

Soupe en moustarde [3]. Prennés des œufs pochiés en huille,
tous entiers, sans esquaille [4], puis prennés d'icelle huille, du
vin, de l'eau, des oingnons fris en huille, boullés tout
ensemble ; prennés lèches [5] de pain halé sur le gril, puis en
faites morssiaux quarrés, et metés boullir aveques ; puis
hastés [6] vostre boullon, et ressuiés vostre soupe ; puis la
verserés en un plat, puis de la moustarde de [dans] vostre
boullon, et la boullir ; puis metés vos soupes [7] en vos
escuelles, et metés dessus.

Civé d'œufs pochiés en huille [8]. Comme dessus est dit
de la souppe en moustarde.

---

(1) Civet d'huîtres. Ecrit *ostres* dans le ms. de la Bibl. Maz. : *oestres et oïttres*,
dans le *Ménag.*, t. ii, pp. 96. 103. et 99, 102. 174 et 277. Du latin *Ostreum*. — (2) Vin
uni (planus) doux (à boire) par opposition à vin aigre. — (3) *Ménag.*, t. ii, p. 173.
— (4) Sans la coquille. — (5) Tranches. — (6) Le mot *hastés*, remplacé dans le
Ménag. par *retraiez*, est probablement ici pour *ostez*. — (7) Pris ici dans le sens
de croûtes de pain. — (8) Même recette, plus détaillée, dans le *Ménag.*, t. ii, p. 174 ;
Gr. Cuis., f. 50.

Civé d'Almengne [1]. Des œufs pochiés en huille, et lait
d'almendes boulli, et oingnons par rouelles fris, et boulli
tout ensemble ; affinés gingembre, canelle, girofle, graine
de paradis et saffren destrempé de verjus, sans trop boulir :
soit bien liant et non trop jaune, et la soupe à la moustarde
comme devant qui veult, et lait de vache soit boulli une
onde, et mis hors du feu ; puis fillés moieux d'œufs grant
foisson ou par l'estamine, et soit bien liant, sus jaune
coulleur, et non pas trop ; puis pochiés les en eaue, et les
moieux avequez sans boullir.

Brouet d'œufs et du fromage [2]. Prennés percil et sauge,
et bien pou de saffren, en la verdure, et pain trempé deffait
de purée de pois, et gingembre deffait de vin, et metés
boullir ; puis metés du fromage dedans les œufs, quant ils
seront pochiés en eaue, et soit liant, vergay ; et aucuns y
metent point de pain, mais du lait d'almendes.

Une saulce jaunete [3] sur poisson froit ou chaut. Frit en
huille sans farine, brochet, ou perche pellée, frite en farine ;
affinés almendes, et y metés du vin le plus, ou du verjus,
un pou d'eaue ; coullez, et faites boullir ; prennés gingembre, canelle, girofle, graine et saffran, deffaites de vostre
boullon, et metés boullir du sucre avec ; et soit bien liant.

Grane de perche. Soit cuite, pelée et frite sans farine :
et de poisson froit auxi, frit et fait comme de loche, non pas
si jaune, mais rous, et très bien liant.

---

(1) D'Allemagne. — (2) C'est le *Brouet vert d'œufs et de fromage* du *Menag.*,
t. ii. p. 172 : *Gr. Cuis.*, f. 49. — (3) *Potage jaunet* ou *sausse jaunette*, dans le *Menag.*,
t ii, p. 173.

Pour malades.

Couleis d'un poulet. Cuisés en caue tant qu'il soit bien pourri[1] de cuire, et broiés à tout les os en un mortier ; puis deffaites de vostre boullon, et coullés, metés boullir ; et qui veult poudre de sucre par dessus, et non pas trop liant[2].

Eaue rose d'un chappon ou poulle. Metés en un pot de terre tout nuef, pleumé[3] par dedans, et soit bien net ; le couvrez très bien, qui n'en puisse y estre[4] ne fust ne alaine nullement, et metés le pot bien à point et le chappon ou poulle dedans icellui, et le asés[5] en une paielle[6] plaine d'eaue, et faites boullir icellui pot dedans icelle paielle, assis dedans, tant que le chappon soit bien pourri de cuire ; ostés le chappon et donnez au malade l'eaue qui sera issue du chappon ; car elle reconfforte bien le malade, et si y prant grant substance ledit malade.

Chaudiau flament[7]. Metés de l'eaue bouillir, puis moieux d'ouefs bien batus, destrempés de vin blanc, et versés à fil[8] dedans vostre eaue, et du sel, et movés[9] très bien, et metés arrière du feu ; et aucuns y metent un pou de verjus.

---

(1) Très cuit. — (2) Même recette. *Ménag.*, t. ii, p. 242. L'auteur y donne l'indication suivante qui n'est pas dans le ms. de Taillevent : « *Nota* que les os doivent estre boulis les premiers : puis ostez du mortier, coulez, et nettoiez le mortier ; puis broyez la char et grant foison sucere. » — (3) *Pleumé* ressemble fort à *plommé, plombé*. Cela semble signifier un pot émaillé, c'est-à-dire couvert, à l'intérieur, de l'émail ou *couverte* de la poterie (qui est une composition vitrifiée où il entre de l'étain) par opposition à la poterie de terre restée brute comme celle employée pour les pots de fleurs. — (4) Pour *istre*; pour que la vapeur ne puisse s'échapper. — (5) Posez. — (6) Poêle, poêlon. — (7) *Chaudel*, dans le ms. de la Bibl. Maz. ; *Chaudoau*, dans le *Gr. Cuis.*, f. 28, qui donne une recette plus étendue ; *Chaudeau*, dans le *Ménag.*, t. ii, p. 241. — (8) En le faisant filer. — (9) Écrit *maués*, dans le ms.

GRUIAU D'ORGE. Espaillés [1] le, et pillés bien comme dit est
du forment, puis le metés cuire, et le purés, et metés boulir
aveques lait d'almendes, du sucre et sel ; aucuns le coulent
et broient ; et non pas trop liant [2].

COULEIS DE PERCHE [3]. Cuisés la en eaue, et gardés le
bouillon ; puis broiés almendes, et de la perche aveques, et
delfaites de vostre bouillon ; et metés boullir, et coulez ; et
puis du sucre ; et doit tout estre cler et net, et bien pou de
vin blanc qui veult.

BLANC MENGIER D'UN CHAPPON [4]. Cuisés le en eaue tant
qu'il soit bien cuit, et broiés almendes grant foison, et du
blanc d'un chappon bien broié, et delfaites de vostre
bouillon ; passés parmi l'estamine, puis metés boullir tant
qu'il soit bien liant pour tailler, puis verssés en une escueille,
puis metés frioler demie dousaine d'almendes pellées, et les
assés sur le bout en la moitié de vostre escueille, et en l'autre
moitié pépins de pomme de Garnade [5], et sucrés par dessus.

CHAPITRES DE POISSON D'EAUE DOULCE

LUS [6]. Cuit en eaue, à la saulce cameline ou vert, ou à la
galentine faite comme bonne cameline.

BROCHET rosti ou chaudumel, le frit en potaige, comme
dist est en la jance.

---

(1) Même mot que dans la recette de la *Formentée*, le mot *espouillés*, c.-a-d.
enlevez le son. — (2) *Orge mondé* ou *Gruiau d'orge*, dans le *Ménag.*, t. II. pp. 241 et
271. — (3) *Ménag.*, t. II. p. 242. — (4) La recette du *Gr. Cuis.*, f. 36. diffère avec
celle du ms. de Taillevent. — (5) Grenade. — (6) Recette plus détaillée dans le
Ménag., t. II. p. 187. D'après Du Cange. verbo *Luceus*, le luz semble être un gros
brochet.

Barbillons. Cuis en eaue, au poivre egret, les rostis au verjus, le frit en potaige, comme dessus est dit ensuivant ou à la jance sup [1].

Le bar. Cuit en eaue et sel, mengiés à la saulce verte.

Alouse [2]. Soit baquée [3] et sallée, cuite en eaue, à la moustarde ou à la ciboulle, ou à la saulce vert, la rostie à la cameline, et au fort en vin blanc et verjus, et poudre d'espices par dessus.

Carpes [4]. Cuites en eaue, à la saulce vert, ou à la galentine, comme la lemproie.

Perche. Pellée cuite en eaue, au percil et vin aigre, en coulis la frite ou en potage grané.

Bresme [5]. Soit cuite en eaue, mengié à la saulce vert, en rost au verjus, ou en potaige poudrée de fine poudre d'espices [6], au sel menu.

---

(1) *Supra* ? Comme il est dit à la jance plus haut. — (2) Alose. La recette du *Ménag.*, t. ii, p. 188, est plus complète; *Gr. Cuis.*, f. 55. — (3) Peut-être pour *baconnée*, fumée. — (4) Les recettes du *Ménag.*, t. ii, pp. 188, 189 et 233, sont beaucoup plus détaillées; le *Gr. Cuis.*, ff. 58 et 59, indique plusieurs manières d'apprêter la carpe. — — (5) *Ménag.*, t. ii, p. 187. Le *Gr. Cuis.*, f. 56 (voir aussi f. 58, *Bresme rostie sur le gril de trois sortes)* écrit *Braine*. Le *Thrés. de sant.*, p. 310, dit que « la brame se pesche aux riuières limoneuses qui retiennent la nature des estangs mais qui sont plus grasses et plus propres à engraisser les poissons côme est la Saône. » — (6) Taillevent parle souvent de la poudre d'épices mais sans dire de quelles épices se composoit cette poudre. Le *Thrés. de sant.*, p. 395, donne la composition de plusieurs poudres, suivant qu'elles doivent servir à l'assaisonnement de tel ou tel mets. Voici de quoi se composoit la poudre en usage pour les potages et les sauces : « Gingembre, quatre onces ; canelle, trois onces et demie ; poivre rond. une once et demie; poivre long, une once; muscade. deux onces; clous de girofle. une once ; graine de paradis. garingal, de chacun une once. » L'auteur ajoute : « Toutes ces pouldres se gardent un mois, voire quarante jours sans se gaster. On les doit tenir en des sacs de cuir, pour ne s'esventer, ne l'estans ja que trop par la longue traite de leur apport. Car on compte depuis l'Espagne jusques a Calicuth

Baissaille [1]. Cuite en eaue, à la saulce verte, en rost au verjus, la frite à la jance ou en potage comme devant.

Chevriaux [2]. Cuis en eaue aux aulx vers, lez sallées à la moustarde, en rost aux aillez blans, et qui veult au verjus, en rost à la sauce chaude comme la lemproie ; en pasté, soient poudrés d'espices, ou en potages.

Truites [3]. Cuites en eaue, mengier à la cameline ; en pasté au sel menu.

Pimperniaux [4]. Eschaudés, rosticés, mengiez au verjus.

Guemmual [5]. Cuit en eaue et oingnons minciés bien menu, mengier à la moustarde, et du fromage qui veult.

Ables [6]. Cuis en eaue, mengié à la moustarde non autrement.

Lamprions [7]. Cuis à point ou fris à la saulce chaude, comme la lamproie, le boully en eaue à la moustarde, et, en pasté, poudré d'espices.

où on débite le poivre et le gingembre quatre mille lieuës par mer. & de la jusques aux isles Moluques & autres qui n'en sont fort esloignées. rapportans le girofle et la muscade. deux mille lieuës. »

(1) Même recette que la *Roussaille*, dans le ms. de la Bibl. Maz. Le *Ménag.*, t. ii, p. 191. écrit *rosses*. D'après Belon. la rosse est un poisson qui tient de la brème et du gardon. On désigne encore aujourd'hui sous le nom de *Roussaille* ou de *Blanchaille*, les petits poissons blancs tels que le meunier. la vandoise, l'ablette, etc. — (2) Chevennes. — (3) Recette plus détaillée dans le *Ménag.*, t. ii, p. 190 ; Gr. Cuis., f. 70. — (4) *Pinpernaux*, dans le *Ménag.*, t. ii, p. 191. D'après Roquefort, ce seroit le *sparus* des Romains. Pline. *Hist. nat.*, parle, en effet. du *sparus* dans un chapitre consacré aux poissons de mer ; mais il s'agit du *maigre* (grand poisson de mer du genre sciène) qui n'a rien de commun avec l'anguille. On appelle encore aujourd'hui *Peinpreneau* ou *Pimperneau* une espèce particulière d'anguille. — (5) Ou peut-être *Guennial* ; dans le *Ménag.* imprimé, il y a *Gaymeau* ; dans le ms. C du *Ménag.*, il semble y avoir *Gannian*. Nous ne trouvons ce poisson. ni dans Belon. ni dans Rondelet. — (6) Able ou ablette. *Alburnus* en latin. *Ménag.*, t. ii. p. 191. — (7) Petites lamproies. Le *Gr. Cuis.*, f. 63, donne la recette des *Lamproyons rostis verdelets*.

ESCREVICES[1]. Cuites en eaue et en vin aigre, mengiez au vin aigre.

CHAPITRES DE POISSON DE MER RONT

PORC DE MER[2]. Fendu au lonc par le dos, puis cuit en eaue, et coupés par lechies[3] comme venoison ; puis prennés du vin, de l'eaue de vostre poisson, affinés gingembre, canelle, graine, poivre lonc, et un pou de saffren, et faites bon boullon cleret ; et ne soit pas trop jaune, et soit l'en[4] comme par manière d'un entremès sus un blanc mengier.

GORNAULT, ROUGET, GRIMODIN[5]. Soient affectés[6] parmi le ventre, et lavés bien, puis soient mis en la paielle, et du sel dessus, puis de l'eaue après, et metés cuire ; et mengier à la cameline ; les espaules soient fendus au lonc du dos, et puis laver, et metre rostir qui veult, plongier en verjus souvent et poudrés d'espices.

CONGRE[7]. Eschaudés comme l'anguille et cuit en eaue, le sallé comme le rouget. Et aucuns, quant il est cuit, le rosticent sur le gril ; mengiés à la saulce verte.

CHIEN DE MER. Affaitiés comme le congre et quant il sera

---

(1) Recette différente dans le *Ménag.*, t. II, p. 205. — (2) *Gr. Cuis.*, f. 67 : « Porc de mer, marsouin, pourpois est tout un ». *Ménag.*, t. II, p. 198. Belon l'appelle *regnard de mer* et dit que les Vénitiens le nommoient *porc marin*. — (3) Pour *leches*, tranches. — (4) Ces mots nous paroissent être ici une forme de : *Qu'il en soit*. — (5) Sorte de rouget à grosse tête. Ecrit *Gournaut* dans le *Ménag.*, t. II, p. 197, qui donne une recette plus développée. Belon suppose que le gournault est « ainsi dict, à cause du son qu'il fait, comme le cry d'un pourceau, qu'on nomme en latin *grunnire*. » Le gournault, le rouget et le grimodin (que nous appelons aujourd'hui grondin) sont tous les trois de la même famille. — (6) On verra plus loin ce mot écrit *affaitiés*, c'est-à-dire préparés. — (7) *Gr. Cuis.*, f. 60 ; *Ménag.*, t. II, p. 197.

cuit, soit appareillié [1] comme raie aus aulx blans ou à la cameline.

MAQUEREL FRAIS. Affaitié par l'oreille et rostir sur le gril, mengier à la cameline, et liés d'un filet tout entour qui ne se despiècent et, en pasté, à poudre d'espices, au sel menu, le sallé au vin et à la siboulle ou à la moustarde.

SAUMONT FRAIS. Soit bagué [2], et gardés l'échine pour rostir, puis despeciés par dalles [3], cuissés en eaue, et du vin, et du sel, à cuire ; mengiés au poivre jaunet ou à la cameline.

MULET [4]. Aussi comme maquerel.

MORUE FRANCHE [5]. Appareillier et cuire comme le rouget, et du vin à la cuire, qui veult à la jance, et la sallée, à la moustarde ou au beurre frais fondu dessus.

CHAPITRE DE POISSON DE MER PLAT

PLEIS [6]. Affetiés par devers le dos au dessoz de l'oreille ; soit bien cuite ; pour saulce metés du vin, et du sel par dessus, et qui en veult en potaige, soit frite sans farine.

FLAIS. Auxi comme la pleis.

SOLLES [7]. Eschaudés, et affeitiés, et cuisés comme pleis, et qui veult rostie, sans escharder [8] ; et aucuns l'escorchent

---

(1) Accommodé. — (2) Mal écrit. pour *baconné*, fumé. *Gr. Cuis.*, f. 69 ; *Ménag.*, t. II. p. 198. — (3) Tranches. On voit encore figurer sur les menus de diners et dans les livres de cuisine les *Darnes* de saumon. — (4) Recette plus détaillée dans le *Ménag.*, t. II. p. 193. C'est le *mulus* des Romains que, suivant Belon, ceulx de Marseille nòment un *muge*. En Languedoc, écrit l'auteur du *Ménagier*, on l'appelle *migon*. — (5) La recette du *Ménag.*, t. II. p. 193. est plus développée. Au lieu de *franche*, on lit *morue frçiche*, ce qui paroît plus correct. — (6) Plies. *Ménag.*, t. II. p. 202 ; *Gr. Cuis.*, f. 68. — (7) *Ménag.*, t. II. p. 203 ; le *Gr. Cuis.*, f. 69. donne la recette des *solles en pasté*. — (8) Sans òter l'écaille

devers le dos, et au verjus, et la frire sans ferine et sans eschauder. Mengier au verjus.

RAIE [1]. Soit appareillié par endroit nombril, et gardés le foic, et la metés par pièces, cuisés fort comme pleis, puis pellés ; mengiés aux aulx camelins.

TURBOT [2]. Appareillié et cuit comme une pleis, et puis peler par devers le dos. Mengiés à la saulce verte ou au verjus.

BARBUES [3]. Cuites et appareilliés comme turbot, et puis pellés comme raie. Mengier à la saulce vert ou au souciée [4].

[B]RESME [5]. Eschaudés ; en pasté, poudrée d'espices, ou cuite en eaue, à la cameline.

ALOUSE CRATONIÈRE [6]. Parboullir et rostir sur le gril, ou en broche, sans parboulir. Mengier à la cameline.

FRUITES [7]. Comme ables.

ABLES [8]. Rostir en filopant. Mengier à la moustarde.

ESTURJON [9]. Eschaudés par le ventre, et soit la teste fendue en II, et coupé du corps, et tous les autres tronçons soient

(1) Recette plus complète dans le *Ménag.*, t. II, pp. 201 et 202. — (2) *Gr. Cuis.*, ff. 70 et 71 ; *Ménag.*, t. II, p. 203. Il y est dit que ce poisson est dénommé *Ront* à Béziers, probablement de *Rhombus*, en latin. — (3) *Gr. Cuis.*, f. 56 ; *Ménag.*, t. II, p. 203. — (4) Voir note du *Soulz de pourcel*, p. 20. — (5) Il s'agit ici de la brême de mer, *cantharus* en latin. — (6) Belon ne parle pas de cette espèce d'alose. — (7) *Fuites*, dans le *Ménag.*, t. II, p. 188. Écrit *Fenes* dans le ms. A du *Ménag.* Belon ne nomme pas ce poisson. Rondelet. dans son *Hist. entière des poissons*, Lyon, Macé Bonhomme. 1558. in-fol., ne le cite pas non plus. — (8) Écrit *ales* dans le *Ménag.*, t. II, p. 204. Belon ne parle que des *ables* ou *ablettes*, poissons d'eau douce. Peut-être scroit-ce l'anchois, *halecula* en latin ? Le mot *en filopant* qui vient après et qui signifie *couper en filets* corroborreroit cette opinion, les anchois s'apprêtant ordinairement ainsi. D'après Godefroy, *ales* veut dire sardines. — (9) *Esturgon*, dans le *Ménag.*, t. II, p. 199 ; le *Gr. Cuis.*, ff. 60 et 61, donne des recettes plus détaillées.

fendus ceux qui se peuvent[1] fendre ; soient cuis en vin, en
eaue, et que le vin passe ; puis traire et refroidier ; puis
mengiés au vinaigre, et du percil, et seel.

PERCHE[2]. Soit par morssiaux despecié, puis la metés en
une paielle de fer, et du sel aveques, et metés sus le feu, et
remuez souvent tant qu'elle soit bien nestoié, et puis la metés
en eaue en une nape et l'espingiés[3] bien ; puis l'emfariniés ;
puis soit frite en huille, et poudrés d'espices. Mengier aux
ailles verdelés ou au vergus.

<h3 style="text-align:center">VIANDE DE QUARESME</h3>

POUR FAIRE FLAONS ET TARTES[4] EN QUARESME, prennés
'enches, lus, carpes et almendes ; broiés tout ensemble, et du
saffren pour un pou de couleur donner, puis deffaitez de vin
blanc et en faites vos flans[5] et tartes ; puis sucrés par
dessus, quant ilz seront cuitez.

Item en autre manière. Prengnés anguilles, et en ostés les
testes et les getés, et les queuez ossi, et broiés bien le remanant[6]
avec saffren deffait d'un pou de vin blanc ; puis emplés vos
flans, et sucrés du sucre, quand ils seront cuis.

---

(1) Écrit *ce pevent* dans le ms. — (2) Il a déjà été parlé de la perche au chapitre
des poissons de rivière : c'est de la perche de mer qu'il s'agit ici. Belon nous
apprend qu'elle est différente de la perche d'eau douce « tant en couleur,
comme a ce que celle de riniere ha deux aelles sur le dos » la perche d'eau salée
n'en a qu'une : elle est, dit encore Belon, recommandée pour les malades « de touts
medecins tant anciens que modernes » — (3) Séchez. — (4) *Ménag.*, t. II. p. 216.
L'auteur y donne la recette de trois sortes de flans dont les deux indiquées par
Taillevent ; mais il remplace, dans l'une, les amandes par de l'amidon. —
(5) Ces cinq mots *et en faites vos flans* sont répétés, par une erreur du copiste,
dans le ms. — (6) Le reste, du latin *remanere*.

Porée de cresson. Metés parboullir une poingnié de betes[1] avecquez, puis la tornez, et hachiés, et friolés en huille; puis la metez boullir en lait d'almendes, ou charnage[2] à la char, ou au beurre, ou au fromage; soit sallée à point, et le cresson soit bien esleu.

Hanons[3]. Esliere, et eschauder, et laver très bien, puis frioler en huille avecquez oingnons, et y poudrés de la poudre d'espices; aux ailles vers.

Moules[4]. Esliere bien et cuire en eaue un pou, et du vin, et du sel. Mengier au vin aigre.

Escrevices de mer[5]. Cuire en vin et en eaue, ou au four. Mengiés au vin aigre.

Saulces non boullues

Cameline[6]. Broiés gingembre, canelle grant foizon, girofle, graine, macis[7], poivre lonc qui veult, puis

(1) La bette est une plante potagère plus connue aujourd'hui sous le nom de poirée. D'après le *Thrés. de sant.* (bete, blete, jote, réparée ou porée), c'est une nourriture légère. — (2) C.a.d. au temps où il est permis de manger de la viande. — (3) Suivant Belon, c'est le nom rouennois du coquillage appelé *Pétoncle; Gr. Cuis.*, f. 62. La recette du *Ménag.*, t. II. p. 204, est beaucoup plus explicite. — (4) Le *Ménag.*, t. II, p. 204, dit que « les moules sont les meilleurs au commencement du nouvel temps de mars. Moule de Quayeu (Cayeux, près Saint-Valery-sur-Somme) est rousse, ronde au travers et longuette, et la moule de Normandie est noire. » D'après Belon, les moules « sont bonnes aux hydropicques, pour les purgations des femmes, aux goutteux & a la jaulnisse. » — (5) Langoustes et Homards. *Ménag.*, t. II, p. 205. — (6) *Gr. Cuis.*, f. 42 : la recette de la *cameline* est beaucoup plus détaillée dans le *Ménag.*, t. II, p. 230 : en plus de la recette donnée par Taillevent, nous y trouvons celle de cette sauce telle qu'on la faisoit à Tournay. — (7) Ecorce intérieure de la noix muscade (*noix muguette*, dont il est souvent parlé dans ce ms.). « Quand le macis est meur, dit le *Thrés. de sant.*, p. 395, il est rouge et incarnat, mais estant sec il acquiert vne couleur tirant à celle de l'or;.... Il se vend simple trois fois plus cher que la muscade... On la confit pareillement au succre aux lieux de l'Inde où on l'achepte. »

coullés pain trempé en vin aigre et atrempés tout et sallés à point.

AULX CAMELINS [1]. Broiés canelle, et pain, et aulx, et deffaites de vin aigre.

AULX BLANS. Prennés aulx et pain, deffaites de verjus.

AULX VERS. Broiés aux, et pain, et verdeure, deffaites de verjus.

AULX A HERANS [2] FRAIS. De moust, d'aulx sans peller, et broiez, et dreciez à tout les peleurez.

SAULCE VERTE [3]. Prennés pain, percil, gingembre, broiés bien et deffaites de verjus et de vin aigre.

UNE SAULCE A GARDER [4] POISSON DE MER [5]. Prennés pain, percil et sauge, salmonde [6], vin aigre, gingembre, fleur de canelle, poivre lonc, girofle, graine de paradis, poudre de saffren et nois mugaites. Quant tout sera passé, soit vergay. Et aucuns y metent la salmonde à tout la rassine.

SAULCES BOULLUES

POIVRE JAUNET [7]. Broiés gingembre, saffren, pain hallé et deffaites de vin aigre, et faites boullir. Et aucuns y metent graine et girofle au verjus.

(1) D'après le *Ménag.*, t. II. p. 230. cette sauce semble faite pour être mangée avec la raie : car il est dit d'y mettre, pour qu'elle soit meilleure, du foie de ce poisson qui est fort délicat. — (2) Harengs. La phrase semble incomplète. La recette suivante du *Ménag.*, t. II. p. 231. est plus intelligible : « Broyez les aulx sans peler et soient pou broyés et deffais de moust, et dréciez a toutes les peleures. » — (3) *Gr. Cuis.*, f. 46. Cette recette, plus détaillée dans le *Ménag.*, t. II. p. 231. s'appelle *Saulce vert d'espices*. — (4) Dans le *Ménag.*, t. II. p. 231. cette recette a le titre de : *Un soucié à garder poisson de mer* ; dans celle de Taillevent, il y a quelques épices en moins. — (5) Ces trois mots *poisson de mer* sont répétés dans le ms. — (6) Sanemonde. — (7) Même recette que celle du *poivre aigret* ou *ygret*, dans le *Ménag.*, t. II. p. 232.

Poivre noir[1]. Broiés gingembre, et pain brullé, et poivre, deffaites de vin aigre et de verjus, et faites boullir.

Jance au lait de vache[2]. Broiés gingembre, moieux d'œufs, deffaites de lait de vache, et faites boullir.

Jance aux aulx[3]. Broiés gingembre, aux, almendes, desfaites de bon verjus.

Jance de gingembre. Prennés gingembre et almendes sans aux, et deffaites de verjus, puis boullez ; et aucuns y metent du vin blanc.

Saulce poetevine[4]. Broiés gingembre, girofle, graine de paradis et de vos foies, pain brullé, vin et verjus, et faites boullir, et de gresse de rost dedans ; puis verssés dedanz vostre rost ou[5] vous dressiés par escueilles.

Espices qui appartiennent en cest present Viandier : premièrement, gingembre, canelle, girofle, graine de paradis, poivre lonc, macis, espices en poudre, fleur de canelle, saffran, garingal, noys mugaites.

Explicit

Cest Viandier fu acheté à Paris par moy Pierre Buffaut l'an m. ccc iiij^{xx} xij ou pris de vj s. par.

---

(1) Plus complète dans le *Ménag.*, t. ii, p. 233. — (2) *Gr. Cuis.*, f. 74 ; *Ménag.*, t. ii, p. 234. — (3) *Ménag.*, t. ii, p. 234 ; dans le *Gr. Cuis.*, elle est réunie à la précédente recette et est fautive. — (4) Ecrit *poitevine* dans le *Ménag.*, t. ii. p. 234, qui indique la quantité de vin. de verjus et d'eau qu'il faut mettre. Le ms. de la Bibl. nation., ni celui de la Maz. ne mentionnent l'eau. — (5) Peut-être pour *et*.

EXTRAITS

DU

MANUSCRIT DE LA BIBLIOTHÈQUE MAZARINE

MANUSCRIT DE LA BIBLIOTHÈQUE MAZARINE

*Recettes qui se trouvent dans ce manuscrit et ne figurent pas
dans celui de la Bibliothèque Nationale[1].*

POUR OSTER L'ARSURE DE TOUTES VIANDES

Prener des noix, et les pertussiez[2] tout oultre de chascune part, puis les laver bien, et les faictes boulir en vostre
viande.

SANGLER ET SERFZ SALEZ

Mecter vostre chart tramper, puis la bouler, et gectez le
premier boillon ; et la lavez d'aigue fresche, puis la lessiez
reffroidier sur une nappe, puis la trainchiez par lesches,

(1) Les titres placés entre crochets n'existent pas dans le manuscrit, mais cor-
respondent à ceux des mêmes recettes qui se trouvent soit dans le *Grand Cuisinier*, soit dans le *Ménagier*. Les recettes que nous avons laissées sans titre ne se
trouvent dans aucun de ces deux ouvrages. — (2) Percez de part en part.

et mecter boulir une petite unde par moitié aigue et par
moitié vin blanc ; puis pillez chastaignes cuites, et mectez
ou plant [1], et dressiez vostre venoison, et de son aigue
avecques ; et maingier à la moustarde.

CIVEL [2] DE VEAUL

Soit viaul rotis tout cruz en broche ou sur le gril, sans
tropt lessiez cuire ; puis coppez par pièces, et mecter souffrire, et oignons menuz menusiez ; puis prener pain rotis,
destramper de vin et de purée de pois en boillon de beuf,
et faicte boulir avecques vostre grain ; puis affiner gigimbre,
cannelle, graine de paradis, et saffrain pour lui donner
couleur ; deffaicte de verjus et de vin aigre.

Boulés laic de vaiche une unde, puis soit mis hors du feu ;
et, quant il sera ung pol reffroidiez, passez moyeux d'euf par
l'estermine, et soit bien lyant, sur jane couleur, et non pas
tropt ; puis poucher euf en aigue, et les mecter avecques
sans boulir.

TANCHE

Soit eschaudée en aigue, puis cuite, et maingier à la saulse
verde, et la frite en poulaige : ou l'eschauder et la fender
sur le dolz, puis mecter du sel et de la fine poudre par
dedans, et la rajouster ensamble, et lyés ; puis le rotissiez sur
le gril, et la moillié en vin aigre, et la oignés, en rotissant,
de huille d'olive ; et la maingier à la cameline.

(1) Au plat. — (2) Civet.

LOUCHE [1]

Soit cuite en aigue ; et premiérement, cuisiez du fromaige
et du perressi avec ung pol de vin, et qu'il ne soit pas du
tout cuit, et eschauder très bien la louche, et puis la mecter
avec vostre fromaige boulir, et il mecter, à dressiez, du verjus
de grain ou des grousselles cuites en aigue.

CRAPPOIS

Eschaudez le tout cruz [2] ; puis soit cuit en aigue pour
servir avec les pois ; soit cuit comme le rouget, et le frit soit
maingier à la jasse [3].

BRETE

Soit cuit [4] comme le rouget, et maingier aux haulx camelins.

| SAULCES |

Prener moustarde et vin vermoil, et poudre de cannelle,
et de succre avec, et tout deffaicte ensamble ; et soit espès
comme cannelle. Ce est bons à tous roiz.

(1) Loche. — (2) L'auteur du *Ménagier*, t. II, p. 200, écrit : « Craspois c'est
balaine salée et doit estre par lesches tout cru, et cuit en eaue comme lart ;
et servir avec vos pois. » Belon, du Mans, confirme l'explication du *Ménagier* :
« Ce poisson, dit-il en parlant de la baleine, est couvert de cuir noir dur et espez
sous lequel y a du lard environ l'espesseur d'un grand pied, qui est ce que l'on
vend en quaresme. » — (3) Jance. — (4) *Ménagier*, t. II, p. 194. Même recette,
mais l'auteur a soin de dire quel est ce poisson : « Et est la brette aussi comme
chien de mer, mais brette est plus petite et plus doulce et meilleure ; et dit-l'en
que c'est la femelle du chien ; et est brune sur le dos, et le chien est roux. » Belon
ne parle pas de la brette.

Prener jus de marjolaine doubee, aigue, et atant de vin blanc ; et il mecter du gigimbre et vin, ung pol de giroffle, de cannelle, et de succre.

|TOUMEAUX DE BEUF|

Cuisiez très bien toumeaulx[1] de beuf, et garder la moille d'une part : et puis tirez vostre chart, et ostez tout le gras du poul[2] ; et puis mecter dedans le demourant de vostre brouet maigre ; cuire chappons, poulles, pingons, perdris et quelconque viande que vous voudrez, et il mecter cuire avec poivre ront tout entiers, et raisins de karesme[3] entiers, et la moille de beuf ; puis passez pain blanc sans halez avec le boillon. Affinez gigimbre, cannelle et noix miguetes, cloux, avec vin blanc grant foisson et verjus, et il mecter du saffrain et du succre : et dourez vostre poulaille entière, et le brouet dessus.

|MOUTON AU JAUNET|

Prener mouton[4] par pièces et cuilz en ung poult[2] à pol d'aigue ; et il mecter du vin : adjouster oignons menus menusiez, et perressi menuz menusiez, et il mecter dedans de la poudre fine, du saffrain et du verjus, et ung pol de vin aigre.

---

(1) Même recette que la *Souppe vermeille* du *Grand Cuisinier*, f. 31 : voyez aussi *Trumel de beuf*, dans ce même ouvrage, même feuillet, et dans le *Ménagier*, t. II. p. 149. Le *Trumel* est un morceau de la cuisse. — (2) *Poul, poult*, pot. — (3) Peut-être une sorte de raisin sec, comme le raisin de Corinthe ? Nous n'avons pu trouver l'explication de ces mots. — (4) Cette recette offre une grande analogie avec celles du *Grand Cuisinier*, f. 31 et du *Ménagier*, t. II. p. 149.

|POUR FAIRE UNE TOURTE[1]|

Prener perressi, mente, bedtes[2], espinoches[3], letuees,
marjolienne, basilique et pilieux[4], et tout soit broyer ensamble en ung mortiez, et destramper d'aigue clère : et
espreignez[5] le jus, et rompez œuf grant foison avec le jus,
et il mecter poudre de gigimbre, de cannelle, et poivre long,
et fin fromaige gratusiez[6], et du sel : tout batez ensamble,
et puis faicte vostre paste bien tenue[7] pour mectre en vostre
bacin[8], et la grandeur du bacin[9] et puis chassez[10] bien
vostre bacin : et puis il mecter du sain de port dedans, et
puis vostre paste après dedans le dit bacin, et mecter vostre
bacin sur les charbons, et remecter dedans la paste du sain
de porc ; et quant il sera fonduz, mectez vostre grain dedanz
vostre paste, et le couvrez de l'aultre bacin : et mecter du
feu dessus comme dessoubz ; et lessez vostre tourte ung
pol sechiez, puis descouvrés le bacin dessus, et mecter sur
vostre torte, par bone manière, V myeux d'euf et de la fine
poudre ; puis remectre vostre bacin dessus comme devant, et
le lessez po à pol cuire et à petit feu de charbon : et regarder
souvent qu'elle ne cuise tropt, puis mecter du succre dessus
à dressiez.

---

(1) Recette à peu près semblable dans le *Ménagier*, t. II. p. 218. — (2) Bettes ou
poirée. — (3) Epinards. — (4) Pouiiot, plante aromatique du genre des menthes,
du latin *pulegium*. — (5) Exprimez. — (6) Ecrit *gratuisié* dans le *Ménagier*. Veut dire :
râpé. — (7) Dans le sens du mot latin *tenuis*, légère. — (8) Tourtière ? — (9) Phrase
incompréhensible : il doit y avoir des mots oubliés. — (10) Le copiste avoit
d'abord écrit le mot *chaciez*, qu'il a transformé en celui de *chassez*. Du Cange,
verbo *caciare*, cite un exemple dans lequel le mot *caciare*, chasser, est pris dans
le sens de *agere vel agitare* : le mot *chassez* voudroit donc dire ici : remuez.

Prener des gastiaulx blans ou aultre pain blanc bien sec, puis le gratusiez : et prener du brouet de la chart de beuf ou de la poulaille, et la mecter en ung bel pout ; et mecter boulir sur les charbons à petit feu ; et mecter saffrain et fin fromaige gratusiez dedans ; et premièrement, mecter vostre pain dedans vostre brouet, quant il boudra. Puis, à dressiez, fillez euf, et les faicte espès comme ris ; et, à dressiez, sur les euf mectez du fromaige gratussiez [1].

Prener harbe qui se appelle orvale [2], et la broyer ; et deffaicte de aigue clère, et il mecter, et bater avec farine bien buretelée [3] ; et il mecter du miel avec, et ung pol de vin blanc, et le batez ensamble tant qu'il soit cleret ; puis frissiez en huille per petites cuillerez, comme l'on fait brugnes [4], et mecter bien de romany [5] sur chacun fritel [6] ; et espreignés vous fritelles entre deux tranchevas pour esgoutez l'uille ; puis les mecter en ung bel pout neuf près du feu, et mecter du succre, à dressiez, sur vostre plat.

---

(1) Cette recette, ainsi que la suivante, ne se trouve ni dans le *Ménagier*, ni dans le *Grand Cuisinier*. — (2) Nom vulgaire de la sauge *sclarée* ou *toute bonne*. D'après le naturaliste Jean Ray, les Anglois font avec des feuilles d'orvale, des œufs, de la crême et un peu de farine des gâteaux, frits dans la poële, d'un goût fort agréable. Le *Thrésor de santé*, p. 420, dit de cette sauge : « On en fait des bignets envelopant les plus belles et plus larges fueilles de la sauge d'une paste de fine farine, qu'on pestrit et dissout avec des œufs, succre, canelle, et saffran, les faisant frire en beurre frais en la poesle » — (3) Blutée. — (4) Beignets, sorte de crêpe ou de gauffre que l'on appelle encore à Lyon des *bugnes*. — (5) Romarin, du latin *rosmarinus*, ros, rosée et *marinus* marin. On dit encore, en provençal, *romani*, — (6) Beignets.

LE VIANDIER DE TAILLEVENT

ÉDITION DU XVᵉ SIÈCLE

LA PLUS ANCIENNE CONNUE

ÉDITION DU XV SIÈCLE

J après sensuyt le viandier pour appareiller toutes manières de viandes que Taillevent. queulx du roy nostre sire. fist tant pour abiller et appareiller boully. rousty. poissons de mer et d'eaue doulce : saulces. espices et aultres choses à ce convenables et nécessaires. comme cy après sera dit. Et premièrement du premier chapitre.

Brouet blanc de chapons. Blanc manger à poisson. Blanc brouet d'Alemaigne. Salamine. Brouet georget. Grave de poisson. Brouet de canelle à chair. Autre brouet à chair. Cretonnée à poix nouveaulx ou à fèves. Maigre potaige.

(1) Nous reproduisons cette édition telle qu'elle est et avec toutes ses fautes. afin de faire voir à nos lecteurs sous quelle forme s'est produite. de 1190 à 1604. l'œuvre de Taillevent. Pour corriger un texte manifestement tiré de deux sources différentes et imprimé avec si peu de soin. pour le rendre parfaitement compréhensible. il auroit fallu lui faire subir de profondes modifications. c'est ce que nous n'avons pas cru devoir nous permettre et nous nous sommes bornés à mettre les accents. la ponctuation et à rétablir les abréviations

Cretonnée d'Espaigne. Cretonnée à poisson. Brouet vert à veau ou à poulaille. Grain de brouet vert à poisson. Brouet houssé à veau et poulaille. Cyvé de lièvre. Grave d'alouetes et d'escrevisses. Chaudumé à anguile et brochet. Souppe à moustarde. Trimolete de perdris. Semée à connins. Gibeleth d'oiseaulx de rivière. Boully lardé à connins et poulaille. Brouet rappé à veau, poulalle. Venoison aux souppes. Venoison chevreul aux souppes. Venoison sanglier aux souppes. Sorvige d'anguilles. Faulx grenon. Froide sauce. Roussé à poussins ou à veau. Violé à poussins et veau. Gelée à chair. Vinaigrete. Bousac de lièvre. Oyes à la trayson et ris. Arbeleste de poisson. Brochetz, anguilles à la galencine. Lait lardé. Morterel. Sabourot de petis poussins. Brouet de cailles. Cresme fricte. Haricoq brun. Fromaige de teste de sanglier. Espaule farcie de mouton. Moule aux. Poussins farcis. Esturgon à poisson et à chair. Faisans et pans armés. Fayennez. Telle. Potée de langues de beuf et tetyne de vache. Frache à poisson. L'eaue benoite. Pouletz farcis. Irson d'amandes. Eufz frais rostis en la broche. Vinée de chair. Beurre frais frit à la paelle. Coulis de chapons. Aultre coulis pour malades. Coulis de poisson. Orge mondé. Pasté en pot. Galimafrée. Friquassée. Pastés de beuf à saulce chaulde. Pastés de veau. Chapons en pasté. Pastés de halebrans de chapons. Pastés de poulaille à la saulce robert. Pastés de pyjons. Pastés de mouton à la ciboulle. Pastés de merles et mauvis. Pastés de passereaulx. Pastés de cannes saulvages. Pastés de chevreau. Pastés d'oyson. Pastés de coulons ramiers. Pastés de perdris. Pastés de connins. Pastés de lièvre. Pastez de venoison de cerf. Pastés de sanglier. Pastés de lorais. Pastés

de mouelle. Pastés de mulet. Pastés de bresme. Pastés de
truyte. Pastés d'anguiles. Pastés de congre de mer. Pastés
de turbot. Pastés de rougetz. Pastés de gornaut. Pastés
d'alouse. Pastés de saulmon. Lemproye en pasté. Pastés de
vache. Pastés de gigos de mouton. Tartres couvertes communes. Tartres descouvertes. Tartres à deux visaiges. Daulphins, Fleurs de lys, Estoille de cresme tous sucre. Fais belons
en façon d'ung coing farcy. Tatre jacopine couverte et
orengée par dessus. Tartre bourbonnayse. Tartres couvertes.
Taleonise. Tartre jacopine bien farcye. Tartres de pommes.
Pastés de poires crues. Darioles de cresme d'amandres.
Saulce cameline. Saulce ma dame. Saulce poitevine. Jance.
Sauce d'aulz. Aillée roussée. Aillée à la moustarde. Saulce
rappée. Saupiquet sur connins ou aultre rost. Chauldumé.
Saulce à l'alose. Saulce au moult. Porée. Fèves fraysées. Por-
reaux. Soupes à l'oignon. Pommes de choux. Congordes.

Pour dessaler tous potages. Pour oster l'arseure de tous
potaiges. Boulateures. Haricoq de mouton. Boully lardé.
Chevreau sauvaige. Sangler fraiz cuyt en eaue. Chappons et
veau aux herbes. Cyvé de veau rosty tout cuyt.

POTAIGES LYANS.

Chaudun de porc. Cretonnée de pois nouveaux. Cretonnée
de fèves nouvelles comme de pois. Cretonnée de poulaille.
Cretonnée d'amandes. Grave de menus oiseaulx. Blanc
brouet de chapons. Bousac de lièvre ou de connins ou de
chapons. Cyvé de lièvre. Cyvé de connins.

CHAPITRE DE ROST.

Porc rosty au vert jus. Veau rosty. Fraise de veau. Pyjons. Menus oyseaux. Perdriz. Ploviers. Torterelles. Paon. Sigoigne. Faisans. Butor. Cormarans. Hayron. Malars de rivière. Porcellet farcy. Poulaille farcie ; pour la dorer. Faulx grenon. Gelée à poisson. Saulce chaude. Poules hochés. Fromantée. Gelée à poisson ; pour cent platz de gelée. Lemproye fresche. Froide saulce à cher. Ris en goulé. Viandes et potage de caresme. Et premièrement de poisson cuyt en eaue. Cyvé d'oistres. Brochetz rostys. Flons et tartres.

Pour malade. Chaudeau flamant. Coulis de perche. Blanc manger de poisson. Poisson d'eaue doulce ; lus, brochès, dars, barbilons, carpe, anguille fresche, lemproye à la saulce chaulde, bresme. Porc de mer. Gornault. Dodine de lait sur oiseaulx de rivière. Saulce most jehan. Boulier de sanglier. Mouton rosty. Chevreaulx et aigneaulx. Oyes. Poulailles. Rougès. Maquereaux frais. Plies. Soles. Rays. Turbot. Limandes. Molluc fresche. Seiche. Harans.

Saulces non boulies : Cameline. Saulce verde. Aux camelins. Aux blancs. Aulx vers. Aux harans frais. Saulces boulies : Poivre noir. Poivre jaune. Saulce poitevine. Jace. Saulce verde. Vert jus vert. Claré. Ypocras.

Cy finist la table et commence le traité de ce livre.

Pour faire brouet blanc de chapons et de poulaille ou de veau, il convient le boullir et prendre le boullon, quant ilz sont cuitz, et mettre à part le bouillon ; et plumés des amandes, et les broyer, et destremper du bouillon de la poulaille, des chapons ou du veau, et puis couler les amandes par une estamine, et prenés pouldre de gingembre blanc par raison, et les deffaictes de vert jus et de vin blanc, et mettés foison sucre au boullir; et qu'il soit de bon sel; quant il sera boullu, mettés le bouillon en ung beau pot à part et aussi le grain (c'est la poulaille, le chapon ou le veau), et, au dresser, mettés vostre grain en ung plat et vostre boullon.

Pour faire blanc manger a poisson, de brochet, de perche ou d'aultre poisson auquel appartient blanc manger, et faictes escaillés, et frire à l'uyle ou au beurre. Et prenés amandes, et les deffaictes comme dessus est dit, et de purée de pois, mettés du vin blanc et les defaire, et du gingembre blanc, et defaictes de vert jus et succre tant qu'il en y ayt assés, et mettés à part ainsi comme en celluy de chair.

Pour faire blanc brouet d'Alemaigne, prenés veau ou poulaille, et reffaire, et puis despecés par pièces, et mettés souffrire à beau boullon de beuf et sain de lart, et mectés de l'oignon taillé menu dedens, au souffrire, et prenés des amandes et les broyés atout l'escorce, et deffaictes en bouillon de beuf, et couler; et, au couler, mectés des foyes de poulaille et mectés avec les amandes, et quant le boullon sera coulé, soit jecté dedens le pot, quant le grain sera souffrit, et du sucre par raison mettés dedens le pot, au souffrire, et les espices qui appartiennent : c'est assavoir canelle, gingembre, menues espices, c'est à dire clou, et graine, et saffran pour luy donner couleur, défaire de vert jus, de vin blanc ou vin vermeil, et puis dresser, quant en sera heure, en platz ou escuelles.

Pour faire salamine, soient pris brochès, carpes et autre poisson qui y appartient, et le faictes escaler, et le frire, et broiés amandes atoute l'escorce, deffaictes de purée de poys, et puis prenés semblablement espices comme au brouet d'Alemaigne, et les defaictes de vert jus, et faictes bouillir vostre bouillon, et mettés à part tant qu'il soit temps de dresser.

Pour faire brouet georget, prenés veau, poulaille ou connin, despecés par pièces et mettés refaire; et quant sera refait, mettés la soufrire en ung peu de sain de lart, du bouillon de beuf, et mettés de l'oignon mainssé menu tout creu, et mettés soufrire avec le grain, et du percil effueillé parmy, et mettés hallés du pain, et, quant il sera hallé, mettés le tremper, pour faire le bouillon, en bouillon de beuf et mettés des foyes de poulaille pour couler avec le grain, les espices qui sont avec (c'est canelle, gingembre, clou et graine) tout batu et broyé, et deffaictes de vert jus, et du saffran dedens pour donner couleur, et mettés tout en ung pot; et, quant il sera temps, le dresser en platz ou escuelles.

Pour faire grave de poisson, de brochet, de carpe ou d'aultre poisson, escallés et frisés le poisson, et puis faictes haller du pain, et le tremper en purée de poys, et le coulés, et y mettés de l'oignon frit tranché assés gros, et mettés boullir tout ensemble, gingembre, canelle et menues espices, et les deffaictes de vin aigre, et mettés ung petit de saffran pour coulourer.

Pour faire brouet de canelle a chair, prenés veau et poulaille, et despecés par pièces, et faictes refaire, et puis souffrisés et ung peu de sain de lart, au frire, et mettés aussi du bouillon de beuf, et puis prenés des amandes broyés a toute l'escorce, et les deffaictes atout le bouillon de beuf; et prenés des foyes de poulaille, et les mettés couler avec les amandes, et puis prenés des espices, c'est assavoir grant foison canelle, gigembre, clou de girofle et grayne de paradis, et soyent broyés les espices et destrempés de vin vermeil, et mettés sucre à foyson dedens, et la saisonnés de sel ainsi qu'il appartient.

Pour celluy de poisson, prenés carpe, brochet ou aultre poisson, et l'escaillés, et frisez, et faictez le boullon pareillement comme celluy de chair, excepté qu'il soit de purée de pois, et mettés pareilles espices comme à celluy de chair, et sucre comme à l'autre, et la saysonnés comme l'autre, et bouillés vostre bouillon, et mettés vostre boullon à part et le grain d'aultre.

Pour faire une cretonnée a poys nouveaulx ou à fèves nouvelles ou le grain après ce qui y veult mettre : veau ou chevreau despecé par pièces et poussins, c'est le grain qui appartient, et puis le frire à sain de lart ou aultre sain doulx, lequel vous aurés l'aisement du quel bouillon à mettre dessus, comme avoir du lait, le bouillir en ung pot ou en une paelle, et avoir moyeulx d'eufz aliez, et, quant il sera lyé, avoir du gingembre, et le deffaire, et bouter dedens, et le gouter de sel ainsi qu'il appartient.

Pour faire le maigre potayge, prenés poys nouveaulx ou fèves nouvelles, et pareil bouillon à celluy de chair. Et pour faire lieure aux eufz pochés, faictes la pareille comme cestuy mesmes fois que on n'y met point, à ce lieure, de gingembre, et la saisonnés ainsi quil appartient.

Pour faire cretonnée d'Espaigne, prenés veau ou poulaille mys par pièces, et cuysés le grain, et frisés au lart ou au

sain doulx du quel vous pourrés finer; prenés amandes, et
les coulés, et en faictes du lait comme layt d'amendes, et
prenés percil et marjolayne, se en povés trouver, et en
faictes à foyson entregettés, coulés avec la verdure, et,
quant le lait bouldra, vous le lierés comme une lieure d'eufz.
Et mettés gingembre et menues espices batues, et deffaictes
de vert jus et de vin blanc, et, quant vostre potaige sera prest
et lyé, vous le mettrés en ung pot, et, quant viendra au dresser
ès platz, prenés des eufz, qu'ilz soyent cuitz et qu'ilz soyent
durs, et les plumerés et fendrés par le meillieu, et puis les
frisés avec sain; quant le bouillon sera dedens voz platz, si
mettés voz eufz dessus, ou des tostées dorées, se voulés; elles
y seront belles.

Pour la cretonnée a poisson, prenés carpe, brochet
escaillé, et frisés quant il sera par pièces, et faictes vostre
boullon pareil à celluy de char, fors qu'il soit fait de purée
de pois, et l'autre est fait de boullon de char, et tout le
demourant soit fait comme celluy de chair.

Pour faire brouet vert, prenés veau et poulaille, despecés
par pièces, mettés reffaire et souffrire en sain de lart et
bouillon de beuf, et prenés percil à foison, et le coulés avec
moyeulx d'oeufz et entregectés pain trempé ensemble, pour
lier, avec le bouillon de beuf, et les espices, gigembre batu et
ung peu de menues espices, assemblés de vert jus.

Pour faire brouet a poisson, prenés anguilles et les tronçonnés, et brochetons escallés et tronçonnés et boullis en
eaue et purée de pois, et mettés pareillement herbes, espices
et vert jus, comme ou chapitre précédant est dit, et moyeulx
d'oeufz; et fait le bouillon à part.

Pour brouet houssé. prenés veau ou poulaille, despecés par pièces, et souffrisés en ung pot à sain de lard et bouillon de beuf, et prenés du pain, et mettés tramper en bouillon de beuf, et des foyes de poulaille. et mettés cuyre en ung pot à part du percil, du coq. de la marjolaine. de la toute bonne. des moyeulx d'oeufz cuictz. et coulez tout ensemble. et prenés du percil tout creu grant foyson, et broyés. et le coulés avec le bouillon. Et puis les espices, au boullir. c'est assavoir canelle, gingembre, graine de paradis et clou de girofle. et deffaictes de vert jus, et mettés boullir tout ensemble.

Pour faire cyvé de lièvre. soit prins ung lièvre. veau ou porc halé en la broche ou sur le gril. despecés par pièces, et mettés en ung pot. Et la souffrisez en sain de lart et en bouillon de beuf en ung pot. et prenés du pain et des foies, et coulés. et frisez de l'oignon en sain de lart et le gectés dedens le pot avec le grain. et gectez le boullon. quant sera coulé le pain. et mettés tout ensemble en ung pot. et les espices qui s'ensuyvent. c'est assavoir : canelle. gingembre. graine de paradis. clou de girofle. et noix muguecte qui l'aura. et deffaict de vinaigre, et mettés tout ensemble.

Pour grave d'alouetes. prenés alouetes. et les faictes reffaire. souffrire. et mettés veau en pot avec. pour en avoir le brouet meilleur, prenés du pain et le halés, et le mettés tremper en bouillon de beuf, et tremper de foyes avec le pain pour passer : et. quant sera passé, vous mettrés tout ensemble dedens le pot et canelle, gingembre et menues espices, deffaictes de vert jus.

Pour grave d'escrevisses, prenés escrevisses, et les cuysés ; et, quant seront cuytes et salées ainsi qu'il appartient, vous les

p i

plumerés, et mettrés les colz à part, et les frisés, non pas trop
fort, et broyés les corps des escrevisses ou mortier et des
amandes avec toute l'escorce, et coulerés les amandes tout
ensemble. Et mettrés canelle, gingembre et menues espices,
et les defaictes de vert jus, et les mettez boulir tout ensemble
et du sucre assés raisonnablement, et sallé comme il appartient. Et se vous n'avés assés grain, prenés brochet et le
mettés en lieu d'escrevices.

POUR FAIRE CHAUDUMER, prenés anguilles, brochet hallé
sur le gril, tronçonnés et mis en une paelle ou en ung pot;
et, quant il sera hallé, prenés de la purée, à le mettre boullir,
et avoir des foyes de brochet à couler avec, et mettés gingembre dedens, et du saffran pour donner couleur au chaudumer, et prenés du vert jus et du vin pour mettre avec le chaudumé, et tout faire boullir ensemble, et goutter de sel.

POUR FAIRE SOUPPE A MOUSTARDE, pour jour de poisson,
prenés oeufz fris à l'uyle ou au beurre, et puis ayés pure mou-
tarde, canelle, gingembre, menues espices comme cloux, et
graine, et sucre raysonnablement ; coulé tout ensemble et
boullir en ung pot, et deffait de vert jus, et gouter de sel ainsi
qu'il appartient, et mettés le bouillon à part.

POUR LA TRIMOLECTE DE PERDRIS, prenés perdris, et les
mettés roustir, et, quant seront rousties, les souffrisés en ung
pot à sayn de lart, et bouillon de beuf, et puis de l'oignon frit
bien menu, et soit mis avecques les autres espices, et graine de
paradis, et du sucre par raison, et prenés du pain hallé et des
foyes de poulaille, se en povés finer, et les mettés tremper en
bouillon de beuf, et coulés parmy l'estamine et boutés
dedens le pot avec les perdris, et mettés ce qu'il appartient :

il convient canelle, gingembre, menues espices, clou, graine, deffaictes de vert jus; et de sel ainsi qu'il appartient.

Pour semée, mettés des connins haller en la broche ou sur le gril, et despecés par pièces, et mettés souffrire en ung pot, et du sain de lart, et du bouillon de beuf pour faire le bouillon, prenés du pain et des foyes, se vous en povés finer, et mettés tremper en bouillon de beuf, et puis couler le pain et les foyes, et puis mettés dedens le pot, et prenés gingembre, canelle et menues espices, et le deffaictez de vert jus, et mettés bouillir tout ensemble, et gouter de sel ainsi qu'il appartient.

Pour gibelet d'oyseau de riviére, fault haller des oyseaulx en la broche ou sur le gril; faictes pareil bouillon comme à la semée, et vert jus, et espices pareillement.

Pour boullir lardé à connin ou à poulailles, despecés par pièces, et les lardés chescun ung lardon ou deux, et mettés boullir en ung pot dedens du bouillon de beuf, à le faire cuyre, puis prenés gigembre, canelle et menues espices, et de vert jus et de sel comme il appartient.

Pour brouet rappé, prenés veau, poulaille, despecés par pièces, et mettés souffrire en ung pot en sain de lart et bouillon de beuf, et mettés du pain tremper dedens, et coulés; et soit mis du grain et gingembre, sans aultres espices, assés competamment. Et quant le potaige sera prest, prenés vert jus de grain ou grouselles pour mettre dessus.

Pour faire venoison aux soupes, prenés la venoison despecée par belles pièces et honnestes, et faictes boullir, et chescun son lardon, et faictes bouillir en ung pot avecques du bouillon de beuf, qui en pourra finer, ou de son bouillon mesmes, et mettés du vin vermeil, du mylleur que vous pourrés finer, et les espices, glou et graine, et les broyer et destrampés de vertjus et d'ung pou de vin aigre, et mettés bouillir tout ensemble, et goutés de sel ainsi qu'il appartient.

VENOISON DE CHEVREUL pour mettre en souppez tout ainsi comme l'autre predict.

VENOISON DE SANGLER, pour mettre en souppes ou potaige, vous le mettrés ainsi pourboullir; mettés la en pot et la mettés cuire en vin et en boullon de beuf, et en autre boullon, et prenés du pain hallé et destrampé d'ung peu de boullon, non guères. Et de ces espices il y fault canelle, graine, clou, gingembre foison, et mettés dedens le pot à la venoison.

POUR FAIRE UNG SORVIGE D'ANGUILLES, prenés les anguilles escaudées, nectoiez et tronçonnés, et frisés l'oygnon et du percil, et qu'il soit tranché par rouelles, et le souffrisés, et mettés dedens vostre pot, et prenés du pain, et le hallés, et mettés tramper en purée de pois; et convient la couler, et bouter en ung pot, et des espices, c'est assavoir gingembre, canelle et menues espices, et bouter au pot, et du saffran pour luy donner couleur, et defaictes de vin aigre.

POUR FAIRE UNG FAULX GRENON, prenés de la fesse d'ung porc et la mettés cuyre, et, quant sera cuyte sur le vert non pas trop, tranchés ainsi comme gros dez, et prenés des menus drois de poulaille, comme foyes, de jusier, et les mettés cuyre. Et, quant ilz seront cuitz, tranchés les perdris, et les frisés au bouillon que il appartient; vous prendrés du pain blanc et le mettés tramper au bouillon où aura esté cuyt le porc, se vous ne avés du bouillon de beuf, et autres des moyeulx d'oeufz entregettés, se que vous mettrés avec vostre pain. Et mettés du gingembre et ung peu de saffran, du vin blanc et du vert jus, et le mettés coulourer. Et après le coulerers par l'estamyne, et boullir tout ensemble, et ne laisserés pas longuement au feu, et puis mettés le bouillon en ung pot, et le assaisonnés de sel.

POUR FAIRE FROIDE SAUGE, prenés poussins fendus par le doulx, et menus droitz de poullaille (c'est jusiers et foyes) tranchés le menus droitz de poulaille quant ilz seront cuitz, et appareillés, trenchés les au long, et les dressés en platz ou escuelles, et la sauce qui appartient : il fault comme saulce vert, et n'y a différence si non qu'il y a de sauge, et, au dressés, mettés oeufz fort cuitz sur les platz par moytiers.

POUR FAIRE ROUGE, prenés poussins et veau, et les faictes boullir et frire, quant ilz seront cuitz, en sain : prenés des amandes plumées, broiés et affinés, et prenés du boullon de la poulaille, et mettés destramper de voz amandes. Et puis prenés eaue rose assés raisonnablement, et coulés avec les amandes le boullon, et mettés en ung pot, et du vert jus, et ung peu de vin blanc et non gayres, et prenés du ris batu en pouldre et le defaictes d'eaue rose, pour ce que, quant vostre potage sera sur le feu et il boudra, le liez et y mettés du sucre assés largement. Et pour donner couleur à la rouse, prenés de l'orcanète, et faictes chauffer en sain doulx, le meilleur sain que vous pourrés trouver, et le couler pour bouter ou pot pour luy donner sa couleur; et quant le grain sera dressé par platz, vous mettrés le bouillon dessus et des aultres dorées, deux ou troys à chescun plat, ou de la dragée blanche, si en avés.

POUR FAIRE UNG VIOLÉ, prenés veau et poussins entiers, et les mettés cuyre, et les souffrisés après du bouillon de vostre veau

et de voz poussins; prenés amandes plumées, et broyés, et les
coulés. Et quant seront coulées, mettés les dedens ung pot,
et les faictes bouillir, et mettés du sucre foyson et par raison. Et puis prenés du vin blanc et vert jus, et deffaictes de
la fleur de ris batu et du bouillon, et le coulerés, et du tores-
sot de violé pour donner couleur au potage, et boutés dedens
à l'eure que vous le faictes boullir, et le goutter de sel ainsi
qu'il appartient, et dressés, prenés et gettés le boullon
dessus et par dessus la dragée.

Pour gelée, prenés gigotz ou piez de veau ce que pourrés
finer, et les mettés bouillir en vin blanc et du grain qui y
appartient. Après quant les gigotz ou piez de veau seront
comme demys cuitz, prenés cochons par pièces, et poussins
par moytiers, et bien nectoyés, et lavés, et jeunes lappereaulx,
qui en pourra finer. Puis prenés gingembre et graine, ung
peu mastis, et foyson saffran, et vin aigre par raison. Et quant
le grain sera cuit, vous prendrés le boullon, et le mettrés en
ung pot sur le feu de charbon. Se la gelée est trop grasse,
prenés aulbins d'eufz et les mettés au boullon, quant il vouldra boullir; et, quant il bouldra, ayés toille toute preste pour
le faire couler; tandis qu'elle coulera, vous mettrés le grain
en platz, c'est à dire le cochon, le lapereau et la poulaille, et
puis quant le grain sera mys en platz, vous les mettrés en
une cave, et getterés le boullon sur le grain en chescun plat.

Pour faire vinaigrete, prenés hastes menues de porc
hallés en la broche ou sur le gril, et les despecés par petis
morceaulx, et les mettés en ung pot, et prenés de l'oignon bien
menu tranché, et le mettés cuire; et quant il sera cuyt, le
mettés avec le grain, et ayés de la canelle et du gingembre et

des menues espices, et ung petit de saffran, et luy donnez
couleur, et deffaictes les espices d'ung peu de vin aygre, et
mettez boulir tout ensemble, et gouter de sel bien à point.

Bousac. Bousac de lièvre qui sera refait pourboully et
despecé par pièces, et puis le mettez en ung pot et le souffrisés,
et ayés du bouyllon de beuf, à le souffrire, dedens le pot, et
prenés du pain et le hallés, et quant il sera hallé, vous le
mettrés tramper, et des foyes de poulaille, et coulerés, et
mettrés de la canelle, du gingembre et des menues espices
(c'est clou et graine) mettés avecques le pain, et faictes les espices de vin aigre, et mettés boullir tout ensemble de vert
jus et de bon vin vermeil, et faictes tout boulir ensemble.

Oyes a la traison. Pour faire oyes à la trayson, mettés
les oyes haller en la broche, et, quant elles seront halées,
mettés les soufrire en ung pot, et mettés en sain de lart et
en boullon de beuf, et prenés canelle, graine et clou de girofle, et broyés, se les espices ne sont bien batues, et mettés
les espices dedens le pot, au souffrire, et du sucre assés ray-
sonablement, et prenés ung peu de pain et des foyes de
poulaille, et les mettés tramper en boullon de beuf, et de
la moustarde assés raysonnablement. Coulés et mettés au
pot, et boullés tout ensemble, et goustés de sel ainsi qu'il
appartient.

Ris. Pour ris, prenés du ris, et lavés, et prenés du layt de
vache ou d'amandes plumés, et le layt de vache faictes boullir
qu'il soit cuit, et mettés ung bien peu de saffran pour luy
donnner couleur, et du sel pour le gouster.

Arbaleste de poisson. Pour arbaleste de poisson, de
tripes de brochetz et tripes de carpes cuytes, et puis laissez

reffroider, prenés d'une carpe ou deulx et du brochet, et les appareillés, et ostés les arestes le plus que vous pourrés, et que le poisson soit bien escaillé, et le tranchés par gros loppins comme les trippes, et les frisés, et les tripes du poisson c'est assavoir les foyes, les mulectes des brochetz et le boullon qui y appartient, et prenés du pain hallé très bien sans bruler et le mettés tramper en purée de poix et en vin vermeille, meilleur que vous pourrés finer, et prenés canelle, gingembre, menues espices, et clou de girofle foyson, et coulés pain et les espices ensemble, et les deffaictes de vin aigre, et puis les mettés boullir, et, quant il sera boullu, mettés le boullon en ung pot, et mettés le grain qui est frit dedens le pot, et faictes qu'il soit de bon sel.

La galantine. Pour brochès et anguilles à la galantine, prenés brochetz, et les apareillés, et les tronçonnés, et les anguilles vous eschauderés, et après tronçonnerés, et osterés l'areste de l'anguille, et lierés tout entour ; quant elles seront maincées, mettés les cuyre en ung pot ou en une paelle tout en vin, et mettés, au cuyre, ung peu de vin aigre. Et quant l'anguille sera sur le point de cuyre, mettés le brochet dedens avec qui sera tronçonné. Et quant il sera cuyt, prenés le boullon et le mettés en ung pot de terre ou aultre vaisseau de bois, affin qui ne sente point l'arain. Et prenés du pain, et le tranchés par rouelles, et le hallés le plus brun que vous pourrés sans bruler, et le mettés tramper dedens le boullon que aurés puré du poisson, et puis coulés, et quant il sera coulé, prenés espices, c'est canelle, gingembre, graine de paradis, clou de girofle et garingal batu, et aussi toutes les aultres espices, et, au boullir, mettés les espices dedens tout

ensemble avec le boullon, et le boullés le plus longuement
que fayre se pourra, sans ardoir, que vous puissés et mettés
du sel ce qui y appartient ; et quant sera boullu, mettés le
en vaisseau de terre ou de bois pour refroider, et coulés
encores une foys, et mettés du sucre dedens, et quant il sera
coulé, mettés le brochet et l'anguille par tronçons, et le
mettés dedens.

LAIT LARDÉ. Pour faire lait lardé, prenés du lait et le
boullés sur le feu, et prenés des eufz, et les batés très bien, et
mettés du gingembre blanc, et debatés avec vos oeufz, et ung
peu de saffran pour luy donner couleur, et prenés du lart
gras et le tranchés bien menu et le faictes cuyre en ung pot
ou en une paelle, et le purés qui n'y ait point d'eaue et le
jectez avec les eufz et avec le layt tout ensemble, et gouttés
de sel ; quant vous aurez mys tout ensemble et il sera boulu,
vous le mettrés en nappe ou en touaille, et le lierés, et le
mettrés en presse le plus que vous pourrés, et quant il sera
pressé une nuyt entière, le lendemain vous le trancherés
par lesches, et quant il sera tranché, vous le frisés en sain
de lart ou en sain doulx.

POUR FAIRE UNG MORTEREL, il convient à ce la chair de
faisant, ou de perdris, ou de chapons, ou de fraises de chevreau et de cuysses de chevreau et de toutes ces quatre
choses, et mettre boullir, et prendre de leur boullon, et
hacherés la chair le plus menu que vous pourrés, et mettés
en ung pot et faictes boulir avec ; et quant il sera sur le fait
d'estre cuyt, prenés de la mye de pain pour mettre avec le
bouyllon, et meslés ung bien peu de fromage et qui soit bon
et fin, et le maincés le plus menu que vous pourrés, et mettés

ou pot; et prenés espices, gingembre blanc batu, deffait de vert jus et non guères, et des oeufz entrejectés, et les licrés en vostre morterel, quant sera tout cuyt, et le osterés du feu.

Sabourot de poussins. Pour faire sabourot de poussins prenés poussins ou poulaille, et despecés par menus morceaulx, et les souffrisés en une paelle en sain de lart, et mettés ung peu d'oignon au souffrire, et prenés des foyes de poulailles, mettés tremper en boullon de beuf, et ung peu de pain pour lyés, et les coulés, et mettés du gingembre blanc batu et ung peu de vert jus, et le gouster de sel ainsi qu'il appartient.

Brouet de cailles. Pour brouet de cailles, prenés chapons appareillé ou grosse poulaille, et mettés boullir en ung pot; et quant le grain sera cuyt et assaysonné avec ung peu de lart que mettrés au cuyre, et du saffran dedens, tyrés le grain et prenés moyeulx d'oeufz entrejectés, coulés par l'estamine ou très bien batus, et en lyés le boullon, et mettés du vert jus au lier, et gingembre blanc batu, et mettés du percil effueillé, et le boutés dedens; et quant il sera prest, mettés le grain en platz et, au servir, du boullon.

Pour cresme fricte, prenés cresme et la mettés boullir et puis du pain blanc esmye bien délié et le boutés dedens la cresme, ou des oublies esmyes foyson, et les mettés avec cresme et prenés des moyeulx d'oeulx entrejectés dedens avec le lait et cresme, et faictes bouillir tout ensemble : et mettés du sucre foison avec, et goutés de sel non pas trop.

Pour haricoq. Pour faire haricoq, prenés poictrinez de mouton et les mettés haller sur le gril, et quant seront hallés, despecés les par morceaulx, et mettés en ung pot, et prenés

des oignons plumés, et les maincés bien menu et mettés
dedens le pot avecques le grain, et prenés du gingembre
blanc, canelle et menues espices, c'est a dire clou et graine,
et les deffaictes de vert jus, et boutés ou pot. Et faictes qui
soit bon de sel raisonnablement.

FROMAGE DE SANGLER. Pour faire fromage de teste de
sanglier, prenés la teste, quant elle se tire en ruyt, et la fendés
et netoyés, et faictes boullir en vin et en vin aigre, et qu'elle
soit comme toute pourrie de cuire, et puis la tirés hors du
feu, et la mettés sur une table, ostés toute la chair des os et
mettés la peau d'ung costé, et hallés la chair, et mettés
espices dedens la chair, canelle batue, gigembre, menues
espices foison, clou et noix muguette bien batue, et mettés
tout ensemble ; et puis prenés la peau et remettés la chair
dedens, et mettés une pièce de toylle dedens comme ung
couvrechief, et mettés pressé entre deux assés, et des pierres
dessus pour bien presser, et le laissés tant qu'il soit froyt.

ESPAULE DE MOUTON. Pour farcir espaule de mouton, soit
l'espaule rostie en broche, et non pas fort cuyte, et la tirés,
et ostés toutes les peaux par dessus, et hachés le plus menu
que faire se pourra avec du lart cuyt et ung foye de
cochon, et du percil largement, ysope, pouliot et marjolaine
crue ; que tout soit haché avec l'espaule et huyt moyeulx
d'eufz à la farce, et qui veult, on y met du gingembre, du
sucre et du sel ; et dois garder l'os de l'espaule tout dégarny
de chair, sain et entier ; et puis ayés une taye de veau ou de
mouton, la plus maigre que vous trouverés, et l'estandés sur
ung ays bien net, et mettés la moityé de la farce sur la taye
de veau ou mouton, et puis prenés l'os de l'espaule et le

q ij

frapés dessus tant qu'il entre dedens ; et après, prenés le surplus de la farce et le faictes en façon de l'espaule, et puis remettés les hors de la taye sur l'autre, et deux ou trois petites brochètes de boys pour les tenir, et puis mettés la sur le gril à petit feu, longuement, et, ce fait, la dorés de moieux d'eufz d'ung costé et d'autre d'une plume ; quant ce sera fait, la mettés en ung plat et en servés au derrenier.

Pour moteaulx. Pour faire les moteaulx de la farce, prenés du foye de poulaille ou du lart, tout cuyt ensemble, percil, ysope et marjolaine crue, et avoir et faictes tout cuyre ensemble à boullon de chair ; et, quant sera cuyt, purés que n'y demoure point d'eaue, et hachés bien menu, et y mettés du gingembre et des moyeulx d'œufz, et puis prenés une taye de veau ou de chevreau, et mettés la farce dedens et la faictes de demy pyé de long et de rondeur de plain poing ; envelopés la taye, et mettés sur le gril ; et dorés de moyeux d'oeufz avec l'espaule, se espaule y a : car c'est tout ung service.

Poussins farcis. Pour faire poussins farcis, il convient les eschaudés sur le frible, sans leur copper piedz, eles, ne col ; et, quant seront eschaudés, fendés les par dessus les espaules ; tyrés tout ce qui est dedens, os et chair, et n'y demoure que la peau, excepté que la teste et les cuysses, jusques au derrenier genoil. Et puis prenés chair de poussins, foye de cochon ou de poulaille, du lart, percil largement, ysope, poulieux et coq, et faictes tout cuyre ensemble, et puis purés qui n'y demeure point d'eaue ; et après, les hachés le plus menu que vous pourrés, et y mettés ung peu de gingembre et ung peu de saffran. Et puis remettés la farce dedens la peau du poussin, d'une esguille par la faulte, et ne l'amplés pas trop qu'il ne crève : car il le convient mettre en eaue boullant, et non pas guères, affin qui se roydisse, et puis enbrocher par le cul et par la teste en une petite broche, et, quant il sera royde, le dorer de moyeux d'oeufz en tournant, et gardés bien qu'il ne se brule ; et, au dresser, sucrez les poussins.

Pour faire esturgon, prenés tanches, anguilles, et mettés boullir en vin blanc pur, et, quant ilz seront bien cuitz, ostés les arestes de toute la chair du poisson, prenés du saffran pour luy donner couleur, gingembre et menues espices mettés avec la chair, et prenés la peau du poisson et en couvrés toute la cher et la mettés dedens une estamine, et la presser en ung mortier, et puis le tranchés par lasches, et le mettés au percil et au vin aigre.

Esturgon de chair. Pour faire esturgon de chair, soit prise une teste de veau et les piez, qui soient eschauldés et très bien plumés et nectoiés, et après soient mis cuire en vin et y soit mys du vin aigre et fort, et, ce fait, soit levée la peau de la teste et des piedz de veau, et gouttés de sel, et puis soit prins la char de veau trenchée par lesches, renvelopée en la peau de la teste de veau, et puis soit pressé l'esturgon et mys par belles lesches au percil et au vin aigre.

Pour faire faisans et paons tous armés. Pour faire faisans et paons armés, lardés tous prest à mettre en la broche, et, quant ils seront à demy cuitz, lardés de clou de girofle, et pour deux platz une unce de pouldre menues espices, graine, clou de girofle, poivre long, noix muscade et deux unces de synamome batue en pouldre, et puis prenés une

chopine d'eaue rose et une chopine de vin aigre, et mettés
dessoubz le rost, et assemblés toutes les espices ensemble, et
passés par l'estamine, et dedens la sauce soit mis ung quarteron de sucre, et puis prenés demie livre de synamome, et
faictes de l'oignon d'une poignée, et faictes confire en sucre
comme aultres espices de chambre, et, quant le rost sera tyré
hors de la broche, mettés les en platz, les lardés de la sinamome ainsi confite, et mettés du boullon dessoubz sans tou-
cher à la confiture; et est la dicte saulce bonne en tous rostz.

Pour faire la fayenne, prenés ung cochon et le mettés
cuyre en vin tout pur comme pour faire gelée, et la semblés
de toutes espices comme pour gelée, prenés des foyes de
cochon et de poulaille, et les faictes boullir; et puis prenés
une livre d'amandes, et aussi des moyeulx d'eufz, et aussi les
foyes et amandes, et passés tout ensemble par l'estamine et
mettés y, pour six platz, une livre de sucre, et y mettés vostre
grain, ne plus ne moins que se vouliés du brouet, de la gelée
dessus, et boulu vostre boullon, mettés sur le grain et le
mettés refroidir en la canelle ou ailleurs.

Pour cele pour quatre platz, prenés d'amandes deux
livres, et les broyés toutes ensemble entières, et prenés vostre
boullon de chapon ou de poullaille, et passés les amandes,
les escorces des escrevisses, les broyés comme les amandes
et les passés de vostre brouct à l'estamine, et, au jour de
poisson, à purée, et les assemblez d'ung quarteron de synamome et de deux uncez de gingembre, et y mettés de vert
jus une chopine et demy livre de sucre.

Pour faire une potée de langue de beuf et de tetyne de
vache, soyent cuytes, et soit prins du boullon où seront

cuytes, et soient copées les langues et tetines par menus
morceaux comme fèves, et frisés au lart, et de l'ognon qui
soit tranché menu, et puis les souffrisés, et prenés du gingembre en poudre et destrampés de vert jus; et ung peu de
pain trampé, et y mettés ung peu de saffran pour le coulourer.

Pour fraze de poisson, prenés les testes des brochès, et
les routissés sur le gril, et prenés les mulectes et les foyes
de poisson, et les hachés par menus morceaulx comme dez,
et les frisés au beurre ou à l'uyle, et prenés les eufves des
brochès, et les passés par l'estamine, et mettés sucre et
gingembre parmy, et en mettés, au frire, avec les mullectes
et foyes, et en dorés les testes sur le gril, et, au servir à table,
soit mys pouldre de duc dessus.

L'eaue benoiste. Pour faire l'eaue benoiste sur brochet,
eschardés le, et le frisés, et après le mettés en ung plat, et
prenés demy verre d'eaue rose et autant de vert jus, ung
peu de gingembre et de la marjolaine assés raisonnablement,
et du foye du brochet, et faictes boullir tout ensemble; puis
passés par l'estamine, et y mettés comme demy quarteron
de sucre pour ung plat, et mettés les brochès sur le charbon
estuver.

Pour poussins a l'estuvée. Poules farcies à l'estuvée,
prenés ung pot neuf, et les mettés dedens quant ilz seront
farcis, et les couvrés bien qu'il n'en ysse point de fumée. Et
quant ilz seront cuitz, prenés chopine de vin aigre, une unce
de menues espices, et mettés tout dedens le pot et ung quarteron de pouldre de duc; et, quant ilz seront bien cuitz, les
mettés en platz. Se voyés qu'il y ayt trop gresse, ostés la.

IRSON D'AMANDES. Pour faire irson d'amandes pour quatre plas, broyés les amandes en ung mortier environ quatre livres, et les passés en une estamine avec ung peu d'eaue chaulde, et que l'amande soit assés espès, et y mettés ung quarteron de sucre, et bouillés tout ensemble en une paelle; et, quant il sera boullu, le mettés en une estamine ou sur toille neufve et le laissés refroider, et le mettés en platz en façon de coingz de beurre, et puis prenés des plus belles amandes et les fendés par la moytié, et chescune moitié fendés en troys parties du long, et en jaunissés la moytié en saffran, et puis les plantés en belles rangés parmy le long, et puis prenés du lait, quant vous vouldrés servir, et qui ne touche point dedens les amandes quasi mys dedens.

OEUFZ ROSTIS EN LA BROCHE. Pour faire rostir des oeufz en la broche farcis, faictes des petis pertuis au bout des eufz, et mettés ce qui est dedens dehors, et puis prenés sauge, marjolayne, poulieul, mente et toutes aultres bonnes herbes, et les hachés bien menu, et les faictes frire au beurre, et les oeufz, et les mettés sur ung ays et hachés bien menu, et y mectés du gingembre, du saffran et du sucre parmy, et puis mectés la farce dedens les coques des oeufz, et puis prenés petites brochètes bien dougées, et mettés une douzaine de oeufz en chescune broche, et mettés dessus le gril à petit de feu.

VINÉE DE CHAIR. Pour demye douzaine de vinée de char, prenés du veau ou du porc, et mettés boullir en ung pot avec des herbes et du lart, et des oeufz en ung pot appart; et quant la chair sera demye cuyte, hachés le bien menu et y mettés demy douzaine de œufz parmy la chair et une

douzaine de crus, et prenés demye unce de synamome,
ung quart d'once de menues espices et ung peu de saffran
parmy, et prenés des penses de mouton et envelopés la farce
dedens en façon de une andoille, et mettés trois moyeux
d'oeufz lardés de clou de girofle; et, au servir, mettés de la
pouldre de duc par dessus.

BEURRE FRAIS FRIT. Pour faire beurre frais à la paelle,
prenés du pain blanc dur, et esmye la mye bien menu, et
prenés de l'amidon deux unces, du sucre deux unces parmy,
mettés ensemble parmy le beurre, et soit destrampé la paste
d'oeulx et du sucre, sans y mettre point d'eaue, et la faictes
tendre comme une fueille de papier, et arousés la paste de
moyeulx d'oeufz, puis envelopés le coing dedens, et le mettés
frire à la paelle avec aultre beuf et après mettés en platz et
servés.

COULIS. Pour faire coulis, prenés ung chapon et soit bouly
tant qu'il soit fort cuyt, et prenés le blanc du chapon et
l'autre chair que pourrés prendre du chapon, broiés au
mortier, et, quant il sera bien broyé, coulés en une estamine,
destramper du boullon du chapon. Après, boulés en ung
petit pot, et, quant sera cuyt, soit gousté de sel raysonnablement, qui n'en y ayt pas trop, et n'y soit mis vert jus, ne
vin aigre, ne aultre chose.

POUR FAIRE COULIS. Pour faire autre coulis pour malades
prenés ung poussin ou deux, et le faictes par la manière du
devant dudit chapon, et, au broyer, mettés une douzaine
d'amandes pour estre plus substancieulx.

COULIS A POISSON. Pour faire d'aultre coulis à poysson,
prenés une perche et la faictes cuyre en eaue; quant elle

sera cuyte, soit plumée, et les arestes ostées, et après broyée, et, au broier, y mectés une douzaine d'amandes plumées, destrampées de purée de poys, et après faictes comme de celluy de cher, et gouter de sel sans y mettre aultre chose, se le fuzicien ne commande y mettre du sucre.

Aultre coulis. Prenés brochet cuyt et destrampés ; faictes par manière de celluy de perche.

Orge mondé. Pour faire orge mondé, c'est à dire orge batu et espeaultré en ung mortier : et après qui sera bien nectoié, soit lavé et boulu treffort, comme froment à faire la fromantée. Et, quant il sera cuyt, le broier au mortier, et le destramper de lait d'amandes, et le mettre boulir en ung beau pot net, et, se le malade veult du sucre dedens, y en soit mys, et soit gousté de sel, et ne soit guère salé. Et se voulés faire orge mondé entier, sans broyer, mettés du layt d'amandes qui soit assés espès, et mettés l'orge entier dedens.

Pour pasté en pot, prenés de la fesse de veau ou de beuf, et hachés bien menu, et de la gresse comme pour ung pasté en pot, et de l'oignon bien menu maincé, et pour l'assembler, mettés menues espices, gingembre, canelle, saffran et du vert jus.

Galimafrée. Pour galimafrée, soient prises poulailles ou chapons rotis, et taillés par pièces, et après fris à sain de lart ou d'oye ; et, quant sera frit, y soit mys vin et vert jus et, pour espices, mettés de la pouldre de gingembre et, pour la lyer, cameline et du sel par raison.

Friquassées. Pour friquassées, soient prinses poulailles crues, depecés par pièces, frisés à sain de lart, et, au frire, soit mis de l'oignon bien menu haché et après du boullon de beuf, et pour espices, pouldre de gingembre destrampée de vert jus; et boulés tout ensemble.

PASTÉS DE BEUF. Hachés la chair bien menue et y mettés; en la façon d'iver, y soit mis du fromaige et du gingembre et saffran.

PASTÉS A LA SAULCE CHAULDE. Prenés de la longe le noyau, et soit taillé par lesches tendres, et gresse hachée par dessus; et pour y faire la saulce, soit bien brulé du pain noir, et après soit trampé en vert jus et vin aigre et passé par une estamine, et les espices qui appartiennent sont : gingembre, clou de girofle, poivre long, graine de paradis, de la noix muscade, par égalle porcion, excepté que le clou surmonte les autres espices; et soit la saulce faicte boullir en une paelle de fer et, quant le pasté sera cuyt, prenés la gresse dedens le pasté et, ce fait, y mettés la saulce, et faictes boullir dedens la saulce au four.

PASTÉS DE VEAU. Prenés veau et gresse de beuf, et hachés tout ensemble bien menu, et les espices qui appartiennent sont gingembre, synamome : et, en la façon d'yver, y soit mis fromage fin.

PASTÉS DE CHAPONS. Pastés de chapons, mettés du lart dessus et, pour espices, y mettés du gingembre, menues espices et saffran.

PASTÉS DE HALEBRANS DE CHAPONS. Mettés en pasté les chapons et, après, vous descharnerés toute la char des chapons, et de la gresse de beuf, et hachés tout ensemble et esdictz pastés, mouelle de beuf, des moyeux d'eufz cuitz lardés de clou de girofle, et, pour espices, y mettés ung peu de gingembre, synamome, saffran et sucre, des dictes espices

mettés, au cuyre, en pouldre dessus dicte, et du sucre raysonnablement.

PASTÉS DE CHAPONS. Soit mys esditz pastés du lart menu
haché, et, pour espices, y mettés du gingembre, menues
espices et saffran.

PASTÉS DE POULES A LA SAULCE ROBERT. Prenés du vert jus
et des moyeulx d'œufz, et batés tout ensemble, et de pouldre
fine ; et, quant le pasté sera cuyt, mettés tout ensemble ; et
convient que toute la poulaille soit despeçée.

PASTÉS DE PYJONS. Mettés ès pastés du lart menu haché
et, pour espices, du gingembre.

POUR COULONS RAMIERS, prenés saulce chaulde comme
pour beuf et pareilles espices, excepté qu'il y convient de
l'oignon frit au sain.

PASTÉS DE MOUTON A LA CIBOULE. Soit le pasté menu
haché en gresse de mouton, et y mettés menues espices.

PASTÉS DE MERLES. Prenés du frommaige fin et mettés
dedens les oiseaulx, et de la mouelle de beuf, et lart menu
haché, et gingembre.

PASTÉS DE PASSEREAUX. Prenés du beuf ou du veau, et de
la gresse de veau haché, et de fin fromage, menues espices
et saffran.

PASTÉS DE CANES SAULVAGES. Prenés du lart ; pour espices,
clou de girofle et gingembre.

PASTÉS DE CHEVREAU. Soit le chevreau pourbouly et après
despecé par morceaulx, et du lart avec menu haché, et pour
espices, canelle et saffran.

PASTÉS D'OISON. L'oison soit despeçé, et prenés, à la saison,
des fèves nouvelles et les pourboulés. Et les mettés ou pasté

et du lart haché; et pour espices, menues espices et
saffran.

PASTÉS DE PERDRIS. Mettés dessus les perdris du lart
menu haché, et, pour espices, gingembre et pouldre de clou.

PASTÉS DE CONNIS. Quant sont vieulx, doivent estre mis
par pièces, et les jeunes entiers, et du lart menu haché
dessus; et pour espices, clou, gingembre, graine et poyvre.

PASTÉS DE LIÈVRE. Le grant lièvre despeçé par pièces, et
le lievrat entier, et du lart dessus haché bien menu; et y
soient mises menues espices.

PASTÉS DE SERF. Soit bouly et lardé, et après mis en pasté;
et soit mis gingembre et ung peu de poivre.

PASTÉ DE SANGLER. Prenés des filetz de sangler, et les
pourboullés, et après les larmés, et y mettés menues espices.

PASTÉS DE LORAIS. Prenés le blanc de chapon haché
menu, ou lances de poisson la raison, et espices dedens, sucre,
sinamome; et convient que ce soient petis pastés bien fais à
bouter les trois doys, en levés hault et, quant ilz seront fais,
convient frire en paelle au sain. Et, ce c'est poisson, frisés le
tout en beurre, et ce poitrissent de beurre, sucre et eufz; et ce
abaissés tanures comme couverte de petis pastés, et se
playent lectues, comme celles que l'on fait doubles.

PASTÉS DE MOELLE. Prenés moelle, sans aultre chose, avec
espices et sucre meslé ensemble, et soit la moelle pourboulye;
et boutée en façon d'ung peloton, et mise en ung petit pasté
à bouter les trois doys, en levé en hault et bien fait, et frit au
sain.

PASTÉS DE MULLET. Soit mys au ventre du mulet vert jus
de grain, pouldre fine et saffran.

Pastés de bresme. Soit mis pouldre fine et saffran dessus.

Pastés de truyte. Prenés saffran, pouldre fine mise par dessus.

Pastés d'anguilles. Prenés saffran, pouldre fine et vert jus en la façon, et des groselles.

Pastés de congre. Congres de mer soyent tronçonnés, et y soient mises menues espices, gingembre et saffran.

Pastés de turbot. N'y soit mis que gingembre blanc.

Pastés de rogès. Mectés y pouldre fine.

Pastés de gournalt. N'y soit mis que gingembre blanc.

Pastés d'alose. Au gigembre blanc et menues espices.

Pasté de saulmon. Au gingembre blanc.

Lemproye en pasté. N'y soit mis que du sel, et soit faicte la saulce appart, et bien noire, et prenés de l'espicier pouldre de lemproye, et soit une pièce de pain brulé bien noir et destrampé de vert jus et vin aigre, et passé par l'astamine et soit boutée la poudre dedens, et après boullie, et mettés la sauce en ung bien petit pot bien net, et quant le pasté sera cuit, mettés la saulce dedens, et après tenu ung peu dedens le four, pour faire boullir la saulce avec la lemproye.

Pasté de vache. Soit prins fromage par lopins billeté, et foison sucre, synamome et ung peu de menues espices, et de l'oignon frit en beurre, et que les pastés soient faictz haultz et enlevés, et d'ung virelet, et soient bien dorés, et puis mis au four.

Pastés de gigotz de mouton. Prenés le gigot et le lardés bien de clou de girofle, et mettés dessus et dessoubz de lesches

de lart ; et que la croste soit forte et espesse, affin que la substance n'en ysse.

TARTRES COMMUNES. Tartres couvertes communes, soit
broyé le fromage, et talemose, fin fromage billeté, et mis les
mistions de oeufz, et pareillement les tartres descouvertes.

TARTRES A DEUX VISAIGES. Tartres à deux visaiges, fromage
fin et force de moyeulx de oeufz et du sucre.

DAULPHINS, fleurs de lis, estoille de cresme fricte, fort
sucre et moyeulx d'eufz.

FAIS BELONGS. Soient faitz en façon d'ung con farcy de
cresme fricte, qui en aura ; et qui ne trouvera cresme, soit pris
du fromage fin et mis par beaulx loppins, et du sucre.

TARTRE JACOPINE. Tartre jacopine couverte, orengée par
dessus, soit de bon frommage fin par lesches, et bonne cresme,
des oeufz les moyeulx mistionnés parmy, et anguille mise par
tronçons, et bien boullie, et assise dedens la tartre, avant que
le frommage et la cresme y soit, et à grant quantité de sucre.

TARTRE BOURBONNAISE. Tartre bourbonnaise, fin fromage,
broyé, destrampé de cresme, et des moyeux d'oeufz souffisamment ; et la crouste bien poistrie d'oeufz, et soit couverte
le couvercle entier, et orengé dessus.

TARTRES COUVERTES. Tartres couvertes, soit destrampé
la crouste d'oeufz et de beurre, la farce destrampée de deux
oeufz et d'eaue en chescune tartre et non plus, et beurre
destrampé avec le fromage broyé en ung mortier.

TALEMOSE faicte de fin fromage par morceulx carrés menu
comme fèves, et parmy le fromage, soit destrampé oeufz
largement, et meslé tout ensemble, et la crouste destrampée
d'oeufz et de beurre.

TARTRES A DEUX VISAIGES. Tartres à deux visaiges, soit faicte de fromage fin par morceaulx carrés comme dez, et les morceaulx destrampés de moyeulx d'œufz largement, et après prenés croste de paste qui soit cuyte au four, et quant le sera ung peu, soit mise refroider, et mis des oblies, et en soit couverte toute la croste, en manière que n'y aparesse riens de la croste, et prenés le fromage destrampé de moyeux d'eufz mys sur les oblies, estans sur la croste, acoutré sur les oublies de l'espesseur d'ung doy, et puis mis cuire au four comme dit est; et quant sera cuyte, soit tirée, et ainsi refroyder, et après y soit mis du sucre à grant foison, et puis la croste sur quoy est cuyte, et mise sur la tartre, soit renversée et dessus les oublies où est le premier lit de fromage dessus, comme de l'autre cousté, de l'espesseur d'ung doy, et quant l'on vouldra disner, soit mise au four, et fait cuyre comme de l'autre costé, et quant sera cuyte, soit prise, tournée en ung plat, et ostée la crouste où sera cuyte.

TARTRE JACOPINE. Bien farcie de fromage fin broyé, et bien farcie de deux dois, soyent mises des anguilles de plain poing par tronsons, et que les tronsons ne soyent de deux doys de hault, et les frire en beurre, et cuyre, et non point trop, et soient mises dedens la tartre et acoultrées dessus. Et, à chescune tartre, huyt ou dix tronsons sur bout, et qu'elle soit bien farcie, que le fromage par les tronsons de l'anguille ; quant elle bouldra, ainsi se doit faire.

TARTRES DE POMMES. Despeçés par pièces, et mises figues, et raisins bien nectoyés, et mys parmy les pommes et figues, et tout meslé ensemble, et y soit mys de l'oignon frit au beurre ou à l'uyle, et du vin, et le part des pommes broyés et destrampés de vin. et soient assemblées les autres pommes broiés, mises avec le surplus, et du saffran dedens ung peu de menues espices, synamome et gingembre blanc, anys et pygurlac, qui en aura; et soient faictes deux grans abaisses de paste, et toutes les mistions mises ensemble. fort broiées à la main sur le pasté bien espès de pommes et d'aultres mistions, et après soit mis le couvercle dessus et bien couverte, et dorée de saffran. et mise au four, et fait cuyre.

Pastés de poires crues. Mises sur bout en pasté. et emply le creux de sucre à trois grosses poires comme ung quarteron de sucre, bien couverte, et dorée d'oeufz ou de saffran. et mis au four.

Tartre bourbonnaise. Fin fromage broyé. destrampé de cresme, et de moyeux d'oeufz souffisamment. et la croste bien poytrie d'oeufz, et soit couverte le couvercle entier, et orengé par dessus.

Darioles de cresme. Soient broyés amandes, et non guères passées, et la cresme fort fricte au beurre. et largement sucre dedens.

Cameline. Pour faire une quarte de cameline, hallés du pain devant le feu bien roux, et qu'il ne soit point brulé. Et puis le mettés tramper en vin vermeil tout pur en ung pot neuf, ou en ung plat. et puis, quand il sera trampé, le passés par l'estamine avec vin vermeil. Et puis prenés une choppine de vin aigre et ung quarteron de synamome, une unce de gingembre et ung quart d'once de menues espices. et saler de bonne sorte : passés le pain et espices par l'estamine, et mettés en ung beau pot.

SAULCE MA DAME. Pour faire sauce ma dame, soit rostie une oye, et mettés en une paelle dessoubz, et prenés le foye de l'oye ou d'aultres poulailles, et le mettés rostir sur le gril; puis quant il sera cuyt, hallés une tostée de pain, et mettés le foye et le pain tramper en ung peu de boullon, et passés trop bien par l'estamine, mettés et laisser boulir à la paelle soubz l'oye, et faictes boulir une douzaine d'eufz et en prenés les moieulx et les hachés menu; et puis quant l'oye sera cuyte, les mettés par dessus en la saulce avec, et se voulés que sente le goust de layt, jectés en une goutte ou deux, au boullir.

POUR FAIRE SAULCE POITEVINE à chapons ou poulaille, mettés les rostir en la broche, et en prenés les foyes, et prenés ung bien peu de pain hallé et bien peu de boullon, et broyer au mortier espices, canelle, gingembre, menues espices et destramper de ver jus et de vin, et faictes boullir, et mettés la poulaille.

JANCE. Pour faire jance, plumés des amandes et les broyés en ung mortier, et puis les passés avec vert jus et vin blanc et puis prenés une unce gingembre pour une pinte, et passés et repassés par l'estamine ; mettés boulir en une paelle et ne luy laissés guères, et, incontinant, mettés en ung pot, car elle sentiroit l'arain, et ne le boulissés point en paelle de fer, car elle se noyrciroit.

SAULCE D'AULX AU LAIT. Pour faire saulce d'aulx au lait, halés une totée de pain au feu, et mettés tramper avec le lait; prenés demye douzaine de gousses de aulx, et les escachés en une escuelle, ou au mortier, et passés tout par l'estamine et mettés demye once gingembre parmy, et faictes boullir en une paelle; et est bonne ladicte saulce en l'oye ou aultre rost.

Aillée rousse. Pour faire aille rousse sur rost ou sur bouly, prenés des foyes de poulaille et hallés une tostée de pain au feu, et le mettés tramper, foye et tout ensemble avecques ung peu de boullon, et prenés une unce de synamome, demye unce de gingembre, ung quart d'once menues espices et escaillés demy douzaine de gousses d'aulx et passés par l'estamine avecques vin rouge et vin aigre, et boutés boullir en une paelle, et puis mectés en ung beau pot.

Aillée a la moustarde. Pour faire aille à la moustarde, prenés demie douzaine de gousses d'aulx, ou plus largement se vous voulés, et les escaillés, et passés par l'estamyne avec la moustarde, et y mettés demye unce de gingembre, et n'y mettés aultre destrampaige que de vert jus, et quant la ferés boulir, mettés y du beurre dedens; et est ladicte saulce bonne sur merlus frictz et sur aultres poissons.

Saulce rappée. Pour faire saulce rappée, mettés mye de pain blanc destramper de vin blanc chault, et quant le pain sera trampé, le passés par l'estamine avec vert jus tout pur; pour une pinte, mettés y une unce de gingembre, et puis egrenés du vert jus de grain et meslés le grain en eaue qui soit bouyllant, et ne lui layssés guères, et purés l'eaue, et gettés le grain dedens la saulce.

Dodine. Pour faire dodine de layt sur tous oyseaux de rivière: prenés du layt et le mettés en une paelle de fer pour recevoir la gresse des oyseaulx; prenés demye unce de gingembre pour deux platz, et passés par l'estamine avec deux ou trois moieux d'œufz, et faictes boulir tout ensemble avec le layt; et y met-on du sucre qui veult; et quant les oiseaulx seront cuitz, mettés la dodine dessus.

DODINE DE VERT JUS. Aultre dodine de vert jus sur oiseaulx de rivière, chappon, ou aultre volatile de rost, mettés le verjus dessoubz le rost en une paelle de fer, et puis prenés moyeulx d'œufz deurs et demy douzaine de foyes de poulaille, et que les foyes soient ung peu rotis sur le gril, et les passés par l'estamine avecques le vert jus tout pur, et y mettés ung peu de gingembre et du percil effueillé dedens, et tout boully ensemble, et mettés sur le rost, et des tostées de pain hallées dessoubz le rost, et pareillement dedens aultre dodine.

MOST JEHAN. Pour faire most jehan, mettés chapons de haulte gresse rostir en la broche ; pour quatre platz, mettés une quarte de lait, et mettés boullir dessoubz les chapons, et puis prenés de la marjolaine, ung peu de percil, ysope et de toutes aultres bonnes herbes, et prenés une unce gingembre, et mettés ung peu de saffran, et le destrampés avec le lait, et hachés les herbes bien menues, et faictes boulir ensemble, et mettés demy livre de sucre ; quant il vous semblera que ladicte saulce sera assés espece, tirés les chapons et les mettés en ung plat, et des tostées desoubz, et gectés la saulce dessus.

SAUPIQUET. Pour faire saupiquet sur connis ou sur aultre rost, hallés du pain comme pour faire cameline, et le mettés tramper avec du boullon, fondés du lard en une paelle et maingés de l'oignon bien menu, et le frisés ; pour quatre platz, prenés deux unces synamome, demye unce gingembre et ung quart d'once menues espices, prenés du vin rouge et du vin aygre ; passés le pain et toutes les espices ensemble, et mettés boulir en une paelle ou en ung pot, et puis mettés dessus le rost.

CHAUDUMÉ. Pour faire chaudumé, prenés brochet, et les eschardés, et les mettés par pièces ou tous entiers hallés sur le gril, et halés du pain, et le mettés tramper avec purée de poys ; et puis quant le pain sera trampé, prenés du vert jus et du vin blanc, et de la purée, et passés vostre pain tout ensemble ; et quant il sera passé, pour quatre platz destrampés une unce de gingembre dedens le boullon, et ung peu de safran parmy, et mettés le poisson avec le boullon, et du beurre frais ou salé.

SAULCE A L'ALOSE. Pour faire saulce à l'alose, mettés rostir l'alose en ung plat cassé ou à la broche, prenés pour une alose demye unce de gingembre et une chopine vert jus. Et quant l'alose sera demye cuyte, mettés le vert jus dessus l'alose, et prenés une poignée de percil et de toutes bonnes herbes, et mettés dedens la sauce.

AULTRE SAULCE A L'ALOSE. Pour aultre saulce à l'alose, prenés du vin aigre et du vin, l'ung avec l'autre, et prenés une unce synamome, demye once gingembre, ung peu de menues espices, et passés tout ensemble par l'estamine, et faictes boullir, et mettés sur l'alose, soit au four ou rostie sur la broche.

SAULSE AU MOST. Pour faire saulce au most, prenés des raisins hors de la grape et les eschachés en une paelle, et les mettés boullir sur le feu demy quart d'heure, et y mettés ung bien peu de vin vermeil, se n'avés assés raisins, et les laissés refroidir. Et après passés parmy l'estamine ; et pour quatre platz, prenés deux uncez de sinamome, deux uncez de sucre, demye unce de gingembre, et passés tout ensemble par l'estamine, excepté le sucre. Et est ladicte sauce bonne sur herondeaux, chapons ou aultre rost, sur eufz fris, sur poisson et sur toutes aultres frictures ; et en deffaulte de raisins, soient prises des meures.

Porée. Pour faire poirée, soit bourboulye en eaue boulant et puis la mettés sur ung ays, et hachés menu, et purés fort entre voz mains, et puis broyés ou mortier, et après l'assemblés en boullon de beuf ou d'aultre chair, ou, en deffault du dit bouyllon, soit fendu lart et frit que lesches et assemblés avec le sain de lart avec de l'eaue chaulde : à jour de poisson, avec beurre et purée de poys.

Fèves fraisées. Pour faire fèves fraisées, mettés les fèves tramper au soir, et en ostés les noires, et les mettés boulir en eaue de rivière ou de fontaine ; et quant seront à demy cuytes, purés les et les assemblés de boullon, et y mettés du lart pour leur donner goust. Et quant seront achevées de cuyre, mettés les en une paelle refroidir, et les passés par l'estamine : et après les remettés boulir en ung pot, et pois coulés semblablement.

Pourreaulx. Pour faire pourreaulx, prenés le blanc des pourreaulx et les maincés bien menu, et les lavés, et mettés pourboulir ; et quant seront pourboulis, purés les et mettés de l'eaue froide par dessus, et les espreignés entre les mains, et après les mettés sur ung ays, et les hachés, puis les broyés au mortier, et, ce fait, les assemblés avec boullon de beuf, et, en jour maigre, de purée de pois et beurre, et lait d'amandes qui veult.

Souppe a l'oignon. Pour faire souppe à l'oignon, plumés les oignons et les mainçés bien menu ou par rouelles, et les soufrisés en beurre assés longuement, et y mettés ung peu d'eaue pour garder qu'il ne brule, et assemblés purée de poys ou d'eaue, et y mettés du vert jus et du percil.

Pommes de choux. Pour faire pommes de choux, ostés les premières fueilles de dessus, et despeçés par quatre quatiers et lavés, et mettés pourboulir environ demye heure, purés l'eaue, et mettés de l'eaue froide par dessus, et les espreignés, après les hachés, et les assemblés avec boullon de beuf ou d'aultre chair, et, au jour maigre, avec purée de poys avec beurre et huyle.

Congordes. Pour congordes, pelés les et deccopés par rouelles, et ostés la graine dedens, s'il en y a, et les mettés pourboulir en une paelle, et puis les purés, et mettés de l'eaue froide par dessus, et les espregnés et hachés bien menu ; et puis les assemblés avec boullon de beuf ou d'autre cher, et y mettés du lait de vache, et destrampés demy douzaine de moyeux d'oeufz, passés par l'estamine parmy le boullon avec le lait, et, au jours maigrez, de purée de poys ou de lait d'amandes, et du beurre.

Pour dessaler potaiges. Pour dessaler potages sans y mettre, ne oster aulcune chose, prenés toille blanche moyllée d'eaue bien froyde, et mettés sur vostre pot, et le tournés d'ung costé et d'aultre, et tirés vostre pot, en ce faysant, hors du feu.

Pour oster arceure de tous potages, vuydés première-ment vostre pot en ung aultre pot, puis mettés en vostre pot ung peu de levain de paste crue, enveloppée en blanc drapel et ne luy laissés guères.

BOUILLATEURES DE GROSSE CHAIR comme beuf, mouton, porc. Mettés cuyre en eaue et sel, et, si elle est fresche, si mettés percil, sauge, ysoppe; mangés aux aulx blans ou ranardis au vert jus; la sallée, à la moustarde.

HERISON DE MOUTON. Herison de mouton despeçés par pièces, et mettés le tout cru souffrire en sain de lart avec de l'oignon menu maincé. Et quant sera bien cuyt, si le mettés en bouillon de beuf, vin, vert jus, sauge, mastic et ysope, et ung peu de saffran; faictes bouillir tout ensemble.

BOULY LARDÉ. Bouly lardé, prenés vostre venoison et la lardés, et mettés cuire du mastic seulement et du safran; puis venoison de serf fresche pourboullye et lardée au long par dessus la chair, puis cuysés en eaue et sel, et du grain foison; mangée en pasté pourboulye, et lardée, à pouldre fine.

CHEVREAU SAULVAGE. Appareillé et mangé comme serf frays.

SANGLER FRAYS. Sangler frays cuyt en eaue et vin, à la cameline.

CHAPON ET VEAU AUX HERBES. Chapon et veau aux herbes mettés cuyre en eaue et sel, et du lart pour luy donner saveur, avec du percil, sauge et ysope.

CIVÉ DE VEAU ROUSSY. Cyvé de veau roussy tout cuyt en la broche et sur le gril sans le laisser cuyre, frisez en sain de lart avecques oignons; puis prenés pain roussy destrampé en vin et de purée de poix. Et faictes bouillir vostre grain; affinés gingembre, canelle, graine, girofle, et saffran pour donner couleur, mettés du vert jus et du vin aigre, et fort d'espices.

Potages lyans.

Chaudin de porc. Soit cuyt en eaue et sel, puis decopé
par morceaulx, soufrit en sain de lart ; prenés gingembre,
poyvre long, saffran, pain hallé trampé en boullon de
beuf et en lait de vache (car son boullon sent le fiens)
passés parmy l'estamine, prenés vert jus, vin aigre, et cuyt
ung peu en eaue, mettés en vostre potage sur le point de
servir ; filés moyeux d'oeufz dedens, et faictes boulir tout
ensemble.

Cretonnée de poys. Cretonnée de poys nouveaulx, cuysés
jusques au purer, puis les purés, et les frisés en sain de lart,
et puis prenés du lait de vache, et boullés une onde ; mettés
tramper du pain blanc dedens le lait, puis affinés gingembre
et saffran, deffaictes vostre lait, mettés boulir et prenés poussins cuitz en eaue, despeçés par quartiers, frisés en sain de
lart, mettés bouillir, tirés arrière, mettés grant foyson
d'oeufz.

Cretonnée de fèves nouvelles. Comme de poys.

Cretonnée de poulaille. Cretonnée de poulaille cuysés
en vin et en eau, despeçés par quartiers, frisés en sain de
lart, prenés ung peu de pain trampé en boullon de beuf,
coulés, faictes boulir avec vostre viande, affinés gingembre
et commin, deffaictes de vin et vert jus, prenés moyeux
d'eufz grant foison, filés en vostre pot, tirés arrière du feu, et
garder qu'il ne tourne.

Cretonnée d'amandes. Cretonnée d'amandes, cuysés bien
poulaille en eaue, despeçés par quartiers, frisés en sain de lart,
prenés amandes deffaictes de bouillon, et mettés boulir sur

vostre grain ; affinés gingembre et commin, deffaictes de vin
et de vert jus; et tousjours se lye d'elle mesmes, sans y mettre
fors que ung peu de pain blanc.

GRAVE DE PETIS OISEAULX. Grave de menus ou tel grain
que vous vouldrés, frisés en sain de lard, prenés pain blanc,
deffaictes de boullon de beuf, et coulés, mettés bouillir en
vostre viande ; affinez gingembre, canelle, deffaictes de vert
ius ; mettés boullir ensemble, et ne soit pas trop lyant.

BLANC BROUET DE CHAPONS. Blanc brouet de chapons,
cuysés en eaue et vin, despeçés par membres, frisés en sain
de lart, broyés amandes, et des broyons, deffaictes vostre
bouillon, et mettés boullir sur vostre viande ; batés gingembre, canelle et clou, graine de paradis, garingal et poivre
long, mettés boullir ensemble, et y mectés moyeux d'œufz
bien batus; et soit bien liant.

BOUSACQ DE LIÈVRE. Bousac de lièvre ou de connis, hallés
en broche ou sur le gril, puis decopés par pièces, et mettés
soufrire en sain de lart ; prenés pain brun, defaictes de
bouillon de beuf et de vin, coulés, faictes de vert jus ; soit
bien noir et non pas trop liant.

HOUDET DE CHAPONS. Houdet de chapons, cuysés en vin
et en eaue, despeçés par membres, frisés en sain de lart,
prenés ung peu de pain brulé, deffaictes de vostre boullon
et faictes boulir avec vostre grain, affinez gingembre,
canelle, girofle, graine de paradis, et saffran pour donner
couleur.

CYVÉ. Cyvé, soit hallé en broche tout creu ou sur le gril,
sans laisser trop cuyre, puis despeçés par pièces et mettés
souffrire en sain de lart avecques oygnons menus mainçés ;

puis prenés pain hallé sur le gril, deffaictes de vin et de
boullon de beuf et de purée de poys, faictes boullir avec
vostre grain: puis affinés gingembre, canelle, girofle, graine
de paradis, et saffran pour donner couleur; deffaictes de vert
jus et de vin aigre, et fort d'espices.

CIVÉ DE LIÈVRE. Doit estre noir et soit fait pareillement :
mais ne fault point laver la chair.

CIVÉ DE CONNIS. Civé de connis doit estre esgret fort, et
fait comme celluy de lièvre.

CHAPISTRE DE ROST.

PORC ROSTY. Au vert jus: aulcuns y mettent oignons: en
pasté, au vert jus de grain et pouldre fine.

VEAU ROSTY. Veau rosty soit pourboully et lardé : mangés
à la cameline; en pasté, à fine pouldre et saffran.

FRAISE DE VEAU. Fraise de veau que l'en dit chair pye:
decoppés bien menu vostre veau, et qu'il soit cuyt, frisés en
sain de lart, broyés gingembre, saffran et œufz bien broyés,
filés les œufz dessus en frisant.

MOUTON ROSTY. Au sel menu, à la canelle, ou au vert jus.

CHEVREAUX ET AIGNEAULX. Boutez en eaue bouyllant et les
tirés tantost, mettés en la broche : mangés à la cameline.

OYES. Oyes plumées à sec, refaictes en eaue chaude,
rotissés sans lardés : mangés aux aulx ou à la jance.

POULES ROSTIES. Lardés et mangés à la cameline, ou au vert
jus: en pasté, à poudre et froide sauge.

BOULER DE SANGLIER FRAIS. Mettés en eaue chaude qui
boulle, puis la mettés rostir et baciner de saulce, c'est assa-

voir de gingembre, canelle, girofle, graine de paradis, pain hallé, destrampé de vin, vert jus, vin aygre. Et puis quant il sera cuyt, si boullés tout ensemble ; et soit vostre grain decopé par morceaulx, et boullés tellement qui soit cleret et noir.

Venoison fresche. Toute venoison fresche qui n'est point bacinée se mangue à la cameline.

Pyjons. Pyjons roslis atout les testes, sans les piedz ; mangés au sel menu.

Menus oiseaulx. Menus oiseaulx plumés à secq, refaictes en eaue, lardés, rostissés, mangés au sel ; en pasté pareillement.

Turterelles. Comme une oye, qui veult soit dorée au vert et cuyt piedz entiers, et soit fenduc la teste jusques en my les espaules, et les tués par le cueur ; mangés à poyvre jaunet.

Paon. Aussi comme signe ; mengés au sel menu.

Sigoygnes. Plumés à sec les piedz et la teste, arrousés et flambés de lart, et mangés au sel menu.

Faisans. Faisans plumés à sec, copés les testes et les queues, et quant il sera rosty, atachés la teste et la queue au corps à une petite cheville de boys ; et que le col soit bien droit, et ne doit point estre cuyte la teste.

Butor, Cormarant. Ainsi comme la sygoigne et le hairon.

Hayron. Soit seigné et fendu jusques aux espaules ; et soit pareillement comme la sigoyne, et soit doré qui veult ; mangés au sel menu.

Canars de rivière. Canars de rivière, plumés à sec, mettez en broche, retenés la gresse pour faire la dodine qui doibt estre faicte de lart ou de vert jus, et des oignons ; aulcuns le

veullent par quartiers, quant il est cuyt, avec la dodine et
faictes les totées de pain, puis gectés vostre dodyne dessus
vostre grain et tostées.

POURCELET FARCY. Soit eschauldé et mys en broche, et
soit la farce faicte de l'yssue du pourcelet, et des rouelles de
porc cuyt, de moyeulx d'eufz, frommaige de guin, chastaignes
cuites pellées, et finez pouldres d'espices tout ensemble, et
puis mettés ou ventre du pourcellet, et ratoupés le trou, et
bassinés en vin aigre et sain boulant ; mangés à poyvre
jaunet.

POULAILLE FARCIE. Coppés leurs gavions, plumez très bien
et gardés la pel saine, ne les refaictes pas en eaue bouyllant,
mettés ung tuel entre cuir et chair, et l'enflés par entre les
espaules : n'y faictes pas trop grant trou ; laissez tenir les
elles, les piez avec le corps et la teste : et soit la farce faite de
poulaille, et le remanant comme au porceau.

POUR LA DORER. *Item* pour la dorer, prenés moyeulx
d'œufz, broyés saffran, coulés sur vostre poulaille au long
deux ou foyer, et garder qu'elle n'arde en rostissant.

FAULX GRENON. Cuisés en vin et en eaue les foyes et jusiers
de poulailles, ou char de veau hachée bien menu, frisés en
sain de lart, broyés gingembre, canelle, clou, graine de
paradis, vin, vert jus ou d'icelluy mesme, et de moyeux d'eufz
grant foison, coulés dessus vostre viande, et puis la boulés
ensemble. Et aulcuns y mettent d'ung peu de pain et saffran,
et doibt estre bien lyant, sur jaune couleur, aygre de vert jus
et dessus pouldre de canelle.

POUR GELÉE A POISSON. Pour gelée à poisson, prenés
tanches et anguilles pour faire la liure de celle et brochetz,

et mettés cuire en vin blanc les espices qui y appartiennent, c'est gingembre, graine de paradis et ung peu de sinapis, et pour donner couleur à la gelée du saffran tant qu'il en y ayt assés, et purés vostre boullon, quant le grain sera cuyt, et le mettés couler par toille, et puis quant elle sera coulée, vous asserrés les plas pour le grain, et les mettés en eaue ou en aultre lieu frais et le boullon dessus.

Saulce chaulde. Pour faire saulce chaulde, pourboulés de sangler ou pour nombles de sangler ou nombles de beuf, mettés les rostir en la broche, et mettés la lèchefricte ou une paelle dessoubz, et les arousés de bouyllon de beuf, et despeçés le grain par pièces, quant il sera cuyt, et le mettés en ung pot ; et puis prenés du pain, et le hallés, et mettés de la canelle, gingembre, graine de paradis, et clou de girofle, si largement qui passe les aultres espices, et coulés tout ensemble avec le pain, et faictes le boullon cler, qu'il ne soit pas trop fort, et le boulés en une paelle ou en ung pot ; et quant sera boulu, goutés de sel, et mettés avec le grain.

Poulles hochées au gingembre. Prenés les entiers ou coppés par quartiers, ainsi que vous vouldrés, les refaictes ; puis quant seront refaictes, boulés les en ung pot et les soufrisés, et puis prenés du pain blanc, et mettés tramper et des foyes de poulaille assés raisonnablement, et metés couler ; et quant sera coulé, il le fault mettre dedens le pot et prenés du gingembre, et le deffaictes de vert jus, et boutés dedens le pot.

Fromantée. Pour faire fromantée, prenés froment espeaultré et esleu très bien, et si n'est espeaultré, que on l'espeaultre, et lavés très bien avant que mettre cuire, et puis le faictes cuyre en ung pot longuement, et le laissés rasseoir, et prenés du lait raisonnablement pour vostre froment tant que vous en ayés assés, et le mettés avec le froment, et le mettés boulir en ung pot, et gardés bien à la remuer qu'il n'arde. Et après, prenés des œufz et les entrejectés selon que le pot sera grant, et coulez les moyeux d'eufz, et quant il seront coulés, mettez le pot à froment et le lait hors du feu, et prenés du lait et le boutés avec les eufz, et jectés les eufz dedens le froment et le lait tout ensemble, et le demenés fort, et gardés que le lait ne soit trop chault, car vous ardriés les eufz par quoy la fromantel seroit blessée et ne seroit pas belle : et mettés du sel et foyson sucre.

GELÉE DE POISSON QUI PORTE LYMON DE CHER. Mettés cuyre vostre grain en vin, vert jus, vin aigre : aulcuns y mettent ung peu de pain, puis prenés gingembre, canelle, girofle, graine de paradis, poyvre, garingal, mastic, noix muscade, saffran pour donner couleur : mettés et liés en ung blanc drapel, mettés bouillir avec vostre grain et l'escumés tousjours, et après, aussi tost qu'il sera temps de le dresser, quant il sera cuyt, si prenés vostre boullon en ung vaisseau de boys tant qu'il soit rassis, mettés vostre grain dessus une blanche nappe, et, se c'est poisson, si le pellés et jectés les pelleures en vostre boullon tant qu'il coule la derrenière foys, et garder que le boullon soit cler et net, et ne fault pas attendre à le couler jusques à tant qu'il soit froit, car il ne pourroit couler. Et puis mettés vostre grain par escuelles et reboulés vostre boullon, et escumés tousjours, et dressés ainsi sur vostre grain parmy l'estamine en deux ou en troys doubles, poudre sur voz escuelles, pouldre de fleur de canelle et mastic, mettés vos escuelles en lieu froit, et, se c'est poisson, et y mettés leschefricte et clou destrampé ; qui fait gelée, il ne fault dormir.

CENT PLATZ DE GELÉE. Pour faire cent platz de gelée, prenés vingt et cinq poussins, six lappereaux, quatre cochons, trente gigotz de veau, quatre pintes de vinaigre blanc, six sextiers de vin blanc, six aulnes de toille, trois quarterons de gingembre, graine de paradis, trois quarterons de mesche, six unces saffran, cinq cuylers de boys, deux grans osielles de terre, vingt potz de terre, six jactez : et à boire aux compaignons.

LEMPROYE. Lemproye fricte à la saulce chaude, soit seignée par la gueulle, et ostés la langue ; faictes bien segner, bouter en broche, et garder le sang (car c'est la gresse) et la fault eschauder comme une anguille en broche. Et puis affiner gingembre, canelle, graine de paradis, noix muscasde et ung peu de pain hallé trampé en vin aigre, et le sang deffaictes tout ensemble; faictes boullir une onde, puis mettés dedens vostre lemproye toute entière ; et ne soit pas trop noire la saulce.

FROIDE SAULCE. Une froide saulce, prenés vostre poulaille et mettés cuyre en eaue, puis la mettés sur une blanche nape et laissés refroidir ; affinés gingembre, canelle, girofle, graine de paradis, puis broyés percil, pain, pour estre vert gay, coulés. Aulcuns y mettent des moyeulx cuitz, deffaictes de vinaigre, gettés sur vostre poulaille par membres ; ceulx de pourceaulx, soit faicte froide saulce sans oeufz.

RIS EN GOULÉ. Ris en goulé, à jour de chair, eslisés, lavés en eaue chaulde, puis mettés essuyer vostre ris contre le feu,

prenés lait de vache, et le froment, mettés vostre ris dedens,
et faictes boullir ensemble à petit feu, jectés dedens du gras
du bouillon de beuf; et, en caresme, soit fait au layt
d'amandes, et sucre sur les escuelles.

VIANDES ET POTAGES DE CARESME.

COMMENCEMENT DE POYSSON. Cuyt en eaue, au soir, en
huilles; affinés amandes, de vostre boullon, prenés gingembre,
de vostre layt et deffaictes; dressés sur vostre grain, quant il
sera boully. Et pour malades, il fault du sucre.

SAULCE VERDE. Prenés du pain blanc et le mettés boulir
en vin aigre, et puis le mettés refroidir ; la plus souveraine
verdeur est de froment, l'autre, ou deffault de froment, est
d'oseille ou de ressise. Et en la sauce de la chair se fait
pareillement, mais que tant que l'on y mect ung petit de
saulge, et le passés en l'estamine. Et, si elle est trop aigre, si
y mectés du vin blanc, et y mettés du gingembre et poyvre,
et non aultres espices.

CIVÉ D'OYSTRES. Cyvé d'oïstres, eschauldés et lavés très
bien, pourboulés et frisés en huyle avec oygnons, afinés
gingembre, canelle, graine de paradis et saffran, prenés pain
hallé trampé en purée de poys ou en eaue boullye, avec vin
et vert jus, et mettés boulir ensemble avec les oystres.

BROCHETZ ROSTIS AU CHAUDUMÉ. Affinés gingembre, canelle,
graine, saffran, pain halé trampé en purée de poys, vin,
vert jus ; faictes boullir, gectés sur vostre grain.

FLONS ET TARTRES. Pour faire flons et tartres en caresme
qui auront saveur de fromaige, prenés tanches, lux et carpes
et, en especial, les eufves et laictances, broyés, deffaictes en

vin blanc, de lait d'amandes et ung peu de vert jus, et faictes cuyre au feu.

Chaudeau flamant. Chaudeau flamant, mettés ung peu d'eaue boulir; prenés moyeux d'oeufz, destrampés de vin blanc, boulés ensemble; aulcuns y mettent ung peu de vert jus.

Coulis de perche. Cuysés en eaue, gardés le boullon, broyés amandes et la perche, defaictes du boullon en ung peu de vin, faictes boullir tout ensemble; et soit claret.

Blanc manger. Blanc manger d'ung chapon pour ung malade, cuysés en eaue, broyés amandes, et du bouillon coulis, faictes bouillir, et soit lyant; mettés pommes de grenades qui au dessus du grain.

POYSSONS D'EAUE DOULCE.

Lux, brochetz, dars, barbillons, carpes, anguilles, alose fresche; tout cuyt en eaue et en sel : mangés à saulce verde; alose salée, mangés aux aulx.

Lemproye. Lemproyons à la saulce comme lemproye; en pasté et à pouldre fine.

Cresme. Soit eschaudée comme anguille; mangés saulce verde.

Porc de mer. Porc de mer soit fendu par le dos et soit mys en lesches en eaue, prenés vin et l'eaue du poisson, affinés gingembre, canelle, graine de paradis, poyvre et ung peu de saffran, faictes boullir; et ne soit pas trop jaune.

Gournaulx et rougetz. Gournaulx et rougetz, cuitz en eaue, ou rostie sur le gril, et fendus par le dos : mangés à la cameline.

Maquereaulx frais rostis sur le gril, mettés au sel menu ou à la moustarde.

Saulmon. Saulmon frais cuyt en vin et en eaue, mangés à la cameline : le salé au vin, et à la ciboule qui veult.

Poisson de mer.

Plye, sole, raye, turbot, limande ; cuitz en eaue, au vin et au vert jus.

Mollue. Cuyte en eaue, mangés à la jance ; la salée, à la moustarde ou au beurre.

Seiches et hanons. Frisés aux, oygnons, mettés et fine pouldre.

Saulces non boullyes.

Cameline, saulce verde, et aulx camelins, aulx blancs, et aulx vers harans frais.

Froide saulce. Une froide saulce à garder poisson de mer, broyés pain, percil, salemonde, deffaictes de vin aigre, broyés de gingembre, canelle, poivre, garingal, graine de paradis, noix muscade, ung peu de saffran, defaictes de vert jus, vin aigre et coulés, gettés sur vostre poisson : aulcuns y mettent de la salemonde à toute la racine.

Saulces boullyes.

Poivre noyr. Broyés gingembre, pain halé, deffaictes de vin aigre et de vert jus, coulés et faictes boulir; aulcuns y mettent graine et garingal.

u ij

Poivre jaunet. Broiés gingembre, poyvre, saffran, pain hallé, et deffaictes de vin aigre, et vert jus, faictes boullir ; aulcuns y mettent graine et garingal.

Saulce poytevine. Saulce poytevine, broyés graine et des foyes, defaictes de vin, et vert jus, faictes boulir, et de la gresse de rost dedens, puis versés sur vostre rost par escuelles.

Jance. Broyés amandes, puis affinés gingembre, de meche et pain blanc, defaictes de vert jus, et de vin ; qui veult, soit faicte au lait de vache, et faictes boulir, quant vous vouldrés dresser.

Vert jus vert. Prenés oseille avec tout grain, deffaictes d'autre vert jus, passés et mettés une croste de pain dedens affin qu'elle ne tourne.

Espices appartenantes a ce présent viandier.

Gingembre, canelle, girofle, graine de paradis, poyvre, mastic, garingal, noix muscade, saffran, canelle, sucre, agnis et pouldre fine.

Du chapelet fait au boys sur la mer le siziesme jour de jung, Mil quatre cens cinquante et cinq par monseigneur du Mayne, et ma damoiselle de Chasteaubrun.

LE PREMIER

Blanches et plumes couvertes de violectes et de boucquetz, entre mestz d'aultres pastés assis sur lesdictz grans pastés, une tirasse verdeante entre deulx, et lesquelz estoient argentés les ostés et dorés les dessus, et, sur chescun d'iceulx, une tonnelle crenellée argentée, et le dessus d'asur, et une bannolle aux armes de mon dit seigneur du Mayne, et aulcuns aux aultres armes de ma damoiselle de Villequier et de ma dicte damoyselle de Chasteaubrun; et dedens yceulx poches, cormeaux, buhoreaux et aultres oyseaulx vifz, portant lapquins aux dictes armes, les boucquetz et les ditz piedz des oiseaulx dorés; et estoient les grans pastés contenans chescun ung chevreau entier, ung oyson, trois chapons, six poulailles six pyjons, ung lapereau; ung gygot de veau haché menu avec deux livres de gresse se met par lesdis pastés, et ung quarteron de moyeux d'eufz deurs, lardés de clou de girofle, bien salés, saffrenés; tenu au four cinq grosses heures.

Ont au plat ung poulet farcy, demye longe de veau semblant souffre, le tout couvert du dit brouet d'Alemaigne, et par dessus osties dorées, grenades et dragée pareillement.

Ont au plat cyvé de cerf et ung quartier de lièvre salé d'une nuyt, et des cloux ou gruyau ou meillieu du plat.

LE SECOND

Ont ou plat une longe de veau, ung chevreau entier, ung cochon, deux oisons, ung chevrolat ou une longe de chevreau, une douzaine de poulles, une douzaine de pyjons, six lappereaulx, deux herons; deux poches, deux cosmeaux, ung lievrat.

Herisons dont au plat ung chapon gras farcy et herissonné le saultereau à ce propice mis dessoubz esdit chapons.

Dont au plat quatre poulles, et pouldre de duc par dessus, et estoient dorées d'eufz et d'aultres mistions à ce propices.

Ung saulterel convenable ausditz paons.

Esturgon au percil et au vin aigre cuit, puis gingembre par dessus, fueilles de peuiles de vigne entre la peau et iceulx revestus et mis cochés en ung plat, en leur gicte faictes desmeille.

Sangler fait de cresme fricte.

Darioles et estoilles renversées.

Gelée, doulce et aigre my partie, en ung plat, blanche et vermeille, armée aux armes dessusdictes.

Cresme fricte. Pouldre de duc par dessus, blanche de fenoil, confite en sucre, argentée.

Lait lardé. Fromages en jonchées sucrées, cresme blanche sucrée, fraises sucrées, prunes confites estuvés en eaue rose.

LE QUINT

Le chapelet, le vin, les espices de chambre à grans par de serfz et de signes, faitz de sucre, et de pignoles armées desditz armes.

CLAIRÉ. Pour faire une pinte de clairé, il fault demye chopine de myel, et sur et le faire bien cuyre avecques le vin, et qui soit escumé, et une once de pouldre fine qui soit passé, qui veult, comme ypocras.

IPOCRAS. Pour faire une pinte d'ypocras, il fault troys treseaux synamome fine et pares, ung treseau de mesche ou deux qui veult, demy treseau de girofle et graine, de sucre fin six onces ; et mettés en pouldre, et la fault toute mettre en ung couleur avec le vin, et le pot dessoubz, et le passés tant qu'il soit coulé, et tant plus est passé et mieux vault, mais que il ne soit esventé.

Bancquet de monseigneur de Foyes.

ES PREMIERS METS.

Poussins au sucre, levras ou lapereaux à la cresme d'amandes, froide saulce, vin aigre, venoison à souppes.

SECOND MESTZ

Espaules de chevreaux farcis, poulettes de mer, panneaulx tous armés, cailles au sucre.

TIERS MESTZ

Daulphins de cresme, lasches, lombardes, poires, orenges frictes, gelée, pastés de levratz.

FRUICTERIE

Cresme blanches, et fraises, jonchée, et amandes.

BANCQUET DE MONSEIGNEUR DE LA MARCHE

Et premièrement.

Vinaigrete, cretonnée de lart, brouet de canelle, venoison à clou.

SECOND MESTZ

Paons, signes, hérons, lappereaux au saupiquet, perdriaux au sucre.

TIERS MESTZ

Chapons farcis dedens de cresme, pastés de pyjons, chevrotz.

QUART MESTZ

Aigles, poires à l'ypocras, lesches dorées, gelée, cresson.

QUINT MESTZ

Cresme blanche, amandes, noix, noysilles, poyres, jonchée.

BANCQUET DE MON SEIGNEUR D'ESTAMPES.

POUR LA PREMIÈRE ASSIETE

Chapons au brouet de canelle, poulles aux herbes, soust, naveaux à la venoison.

SECOND MESTZ

Rost le meilleur, paons au scelereau, pastés de chapons, levreaulx au vin aigre rosac, chapons au most iehan.

TIERS MESTZ

Perdriaux à la trimolette. Pyjons à l'estuvée.
Pastés de venoison. Gele et leschées.

QUART MESTZ

Four, cresme fricte. Pastés de poyres. Amandes toutes sucrées, noix et poyres crues.

BANCQUET POUR MA DAMOYSELLE.

ASSIETE DE TABLE

Popie, cappes, cerises au sucre ou plumes, lymons.

PREMIER MESTZ

Pastés à cheminée au sucre. Pastés de pyjons. Venoison aux poys. Poulles boulis. Fresche venoyson à souppes.

SECOND MESTZ

Rost. Pastés de chapons. Pastés de cailles. Venoison appart sues ou pour après.

TIERS MESTZ

Pyjons au sucre et au vin aigre. Tartres au sucre. Tremolectes au sucre. Most. Banquet de mouelle.

LE QUART MESTZ

Tartres d'armes et daulphins. Gelée blanche et aultre cresme fricte. Poires au sucre. Amandes nouvelles.

POUR LE PREMIER

Jambons au sucre, chapons au tulle, brouet rappé, barder poulailles toutes sucrées.

SECOND SERVICE

Signes au santire. Paons. Herons. Venoison. Poches Foynes.

TIERS SERVICE

Poulles. Pyjons. Lappereaux. Les lesches. Gelée. Le four rondel de cresme. Lesches dorées.

Cy finist le livre de cuysine nommé Tayllevant lequel traicte de plusieurs choses appartenantes à cuysine.

ADDITIONS DE L'ÉDITION

DONNÉE PAR

PIERRE GAUDOUL

ADDITIONS DE L'ÉDITION

DONNÉE PAR PIERRE GAUDOUL.[1]

 DJOUSTÉ la façon de plusieurs potaiges, lesquelx ne furent jaimais mis au livre de Taillevent jusques à présent. Et primo.

Jusques ycy avons parlé d'aulcunes choses simples : et avons declairé leur nature et vertu. Doresenavant, me révoquent les cuysiniers, et me prient, et pressent que je leur dye les compostes, mystions, et confections d'icelles, pour les mettre en viande et en faire potaiges.

(1) Bien que le texte de l'édition donnée par Pierre Gaudoul ne soit pas beaucoup moins exempt de fautes que celui des éditions précédentes, il faut reconnoître que cet imprimeur-libraire a tenté un effort pour faire mieux que ses devanciers. Les additions qu'il a imprimées à la suite du *Viandier* de Taillevent sont très curieuses, mais elles sont, malheureusement, formulées dans un langage assez pédant qui rappelle celui de l'écolier limousin de Rabelais. Nous publions le texte de Pierre Gaudoul tel qu'il l'a publié lui-même, mais nous avons cru devoir donner, en notes, l'explication de certains mots et de certaines expressions difficiles à comprendre.

Et particulièrement de ceulx qu'on fait des choses cy dessus prochainement declairées, pourquoy obtempérant à leurs prières, je viens à parler desdictz potaiges.

Et premièrement, du grueu ou avenat [1] pour lequel faire convient avoir de l'espeaulte ou aveine mondé, nette et bien lavée, et icelle faire cuyre longuement, à part, au just [2] des pouletz ou du mouton qui soit bien gras. Et quant sera forment cuyt, en prendras dedans une escuelle une partie, et y adjousteras trois roux d'oeufz [3], et dissolviras tout la dedens ensemble du saffran, et puis les remettras dedens le pot, et l'inspargiras [4] d'espices, et présenteras à table.

Et de ce grueu icy les Bretons en usent plus que aultres gens et non tant seullement ainssi qu'est dit, mais forment à tous potaiges soit au just de la chair, ou des choux, ou d'aultres herbes, car ilz en mettent voulentiers en tous potaiges et le trouvent bon, agréable et plaisant à menger, nonobstant qu'il nuyse aulcunement, ainsi qu'il est dit dessus au chapître de l'espeaulte ou aveine.

DU RYS EN QUELQUE JUST QUE SOIT.

Le rys apresteras et cuiras tout ainsi que avons dit du grueu ou avenat, excepté que aulcuns n'y veulent point mettre des oeufz. Ce soit à ta voulenté et plaisir d'y en mettre ou non. Se peut aussi le dict rys aprester en laict ou en amandres, comme verrons cy après.

---

(1) Gruau d'avoine. — (2) Jus. — (3) Jaunes d'œufs. — (4) Saupoudreras ; du latin, *inspargire*.

DE LA FROMENTÉE.

Se tu veulx aulcune fois menger et faire de la fromentée, premièrement feras cuyre en eaue ton dit froment, après le mettras dedens le just ou broet de chair grasse, ou, si aymes mieulx, en laict d'amandres. Et en ceste façon est potaige convenient en temps de jeusne, pource qu'il se resoluist tardement, c'est à dire est de tat de digestion [1] et nourrist beaucop. Semblablement se peut faire l'ordjat ou le potaige d'orge, et est plus louable, selon aulcuns, que n'est la dicte fromentée.

DU MILLET EN POTAIGE.

En eaue chaulde le millet bien lavé cuyras lentement et longuement, au just de la chair, à beau petit feu, et tourneras souventeffois ta potée avec quelque cuillier; et avise bien que ton pot soit loing de la flambe et fumée. Après y mettras du saffran pour luy donner couleur, et le présenteras puis à table. Aultres l'aprestent et le font cuyre en laict de chièvre ou de vache, comme verrons cy après au chapitre du rys cuyt au just d'amandres.

POTAIGE DE PAIN GRATUSÉ.

Le pain gratusé lairras ung peu bouillir au just de chair; après que sera tiré du feu et refroidir, y adjousteras du fromaige gratusé, et mesleras tout ensemble dedans le pot. Aulcuns y mettent deux ou trois roux d'oeufz; et, si le veulx

---

(1) *De tat de* doit être une faute pour *de tarde*

colorer et y mettre ung peu de saffran, en sera plus agréable et joyeulx.

POTAIGE APPELLÉ VERSUSE.

Aies quatre roux d'œufz bien frais, semye unce de cynamome, quatre unces de succre, du just d'orange quatre unces semblablement, deux unces d'eaue rose ; mesle tout ensemble avec quelque cuillier, et réduis tout en ung corps et le fais cuyre, ainsi qu'est dict dessus au chapitre du just safranné ou jaune. Et. si veulx pareillement, y pourras adjouster ung peu de saffran pour donner couleur. Est viande merveilleusement saine, principalement en esté, et fort plaisante, nourrist bien et grandement, refraiche[1] le foye et reprimist la colère[2].

FÈVE FRESÉ EN POTAIGE.

Metz ta fève fresé[3], bien nettoyée et lavée, emprès le feu, et quant commencera à bouillir, exprimis[4] l'eaue et la metz hors du pot, et y en metz de rechef de fraiche par autant que surmonte quelque deux doyz, et y metz du sel à ton advis, et fais bouillir ta potée bien couverte loing de la flambe, pour cause de la fumée, et ce jusques ta dicte potée sera bien cuyte et redigée forment en paste. Après, la mettras au mortier et agiteras, et mesleras icelle très bien, et la réduyras en ung corps, puis, de rechief, la tourneras à son dict pot et le feras chauffer. Et quant vouldras faire tes platz

---

(1) Rafraîchit. — (2) Empêche. Le mot *colère* est vraisemblablement employé ici dans le sens latin du mot *cholera*, bile. — (3) C.-à-d. en purée. L'auteur du *Ménagier*, t. II, p. 138, indique également la manière de *fraser* les fèves. — (4) Exprime.

ou escuelles, confiras ta viande en ceste composte qui sensuit. Et cuyras, premièrement, des oignons decoupez bien
menu en huyle fervent[1] dedans ung pot, y mettras de la
saulge, des figues ou des pommes, decoupées bien menu à
petis loppins. Et ceste confection toute boulant et fer-
vente infondiras[2], et mettras dedans tes platz ou escuelles
où sont tes dictes fèves, et présenteras sur table; aulcuns
y veulent par dessus inspargir des espices.

FÈVES FRITES.

Les fèves cuytes et resolues friras dedans la poille bien
oincte de graisse ou d'uyle, ensemble des oignons, figues,
saulge et aultres herbes odorantes, puis les mettras dessus
quelque plat et inspargiras dessus, se tu veulx.

POIS AU LART.

Fais boillir une fois seulement les pois avec toute leur
coque et silique[3]; puis ostez que soient de l'eaue[4], fais frire
ung peu de belles lesches et loppins de lart ne trop gras, ne
trop maigre. Après, metz tes dictz pois ensemble et fais tout
frire; finablement metz y peu de verjust avec du moust, vin
cuyt, ou succre, et quelque peu de cynamome; et ainsi
semblablement pourras faire des fasolz[5].

---

(1) Chaude. Du latin *fervens*, chaud, brûlant. — (2) Verseras. Du latin
infundire. — (3) Du latin *siliqua*, qui veut dire gousse. On appelle encore aujour-
d'hui *silique* la cosse des plantes légumineuses; ce mot n'est ici qu'une superfétation
du mot coque. — (4) Puis une fois retirés de l'eau. — (5) Espèce de haricot.
Olivier de Serres. *Théâtre d'agriculture*, Paris, 1600, in-fol., p. 111. cite parmi les
légumes les *fazeols*. On désigne encore vulgairement sous le nom de *fayol* (qui
se prononce *fayo)* des haricots secs.

POTAIGE DE CHAIR.

Ayes de la chair maigre et fais la bouillir : puis découpe icelle menuement, et la fais cuyre, de rechief, en ung aultre pot, au just gras, par demye heure, avec de la miette du pain gratusé, ung peu de poivre et de saffran; après que sera ung peu refroidie, auras des oeufz batus, du formage gratusé, persil, marjoleine, mente, decouppez menuement, et ung peu de verjust, et mesleras tout ensemble, et puis le mettras dedans ton pot le remenant, tousjours doulcement avec ton cuillier. Semblablement, pourras faire des corées et polmons [1] des gelines ou aultres oyseaulx.

POTAIGES DE TRIPPES.

Bien lavées tes trippes, et nettes, mettras cuyre emprès le feu dedans ung pot, ensemble quelque os de chair salée pour leur donner goust et saveur, et garde toy d'y mettre du sel. Quant seront cuytes, les mettras dehors et les découperas à beaux petis lopins, et y adjousteras de la mente, saulge, et sel autant que sera nécessaire. Et, de rechief, les feras ensemble les dictes herbes boullir ung peu ; et cuyte que soyent, et mises sur tes platz et escuelles, inspargiras par dessus bonnes espices : et aulcuns y mettent du formaige gratusé.

POTAIGE DES TRIPPES OU ENTRAILLES DE LA TRUYTE.

Aulx entrailles et trippes de le truite bien lavées et demyes cuytez adjousteras ung peu de poivre, persil, mente

---

(1) Cœurs ? Quant aux *polmons*, ce sont les poumons : du latin *Pulmo*; les Italiens disent *Polmone* et les Provençaux *Polmo*.

et saulge découpés bien menu, et quant auras faict tes platz
ou escuelles, tu mettras par dessus des espices.

Oeufs de truyte a façon de poys.

Les œufz de la truyte demy cuytz et ostez du pot deviseras[1]
à petites pièces et menus loppins. Et, affin que le just ap-
pare trouble et espès, tu feras passer par le tamys ou estamine de la miette du pain blanc ensemble le dict just ; ou
si, par l'eure, povoyes finer du just propre des poys[2], en prendras ce que te semblera estre assez, puis ensemble ce just[3]
feras de rechief cuyre tes dictz oeufz de truyte avec des
espices, saffran, percil, mente, bien découpés menu ; et te
semblera au goust que tu menges des poys.

(1) Diviseras. — (2) *Par l'eure*, au moment même, c.-à-d. *si tu pouvois avoir
sous la main du jus propre des pois.* — (3) Avec ce jus.

TRAITÉ DE CUISINE ÉCRIT VERS 1300

TRAITÉ DE CUISINE ÉCRIT VERS 1300 [1]

VEZ ci les enseingnemenz qui enseingnent à apareillier toutes manières de viandes. Premièrement de toutes manières de cars[2] e des savors[3] qui i apartiennent, comme de char de porc, de veel, de mouton, de beuf, e après d'autres chars mains[4] grosses, comme de chevreaus, d'aigneaus e de porceaus, e après de toutes manières d'oiseaus, comme chapons, gelines, oues, mallarz privez e sauvages, e après de

(1) Le petit traité de cuisine que nous reproduisons, d'après le manuscrit de la Bibliothèque Nationale, fonds latin, 7131, a déjà été publié, en 1865, par M. Douet d'Arcq, dans la *Bibliothèque de l'École des Chartes*. Voyez *Introduction*, p. III. C'est donc une seconde édition que nous en donnons. Ce traité, qui vient à la suite d'un traité de cuisine en latin intitulé *Liber de coquina* occupe les ff. 99 (v°) et 100 (r°) d'un ms. in-folio, sur vélin, écrit à deux colonnes. L'auteur paroit l'avoir composé avec un certain soin : c'est ce qui nous a décidé à publier de nouveau ce document intéressant qui est, selon toute probabilité, le premier ouvrage de cuisine écrit en françois : car la forme archaïque de son style (*savor, suor* pris dans le sens de sauce, *seignor* pour seigneur, *oves* pour œufs, *e* pour et, *cars* pour chairs, *sunt* pour sont) nous donneroit peut-être le droit de faire remonter l'époque de sa composition aux dernières années du XIIIe siècle. Le copiste a, pour quelques recettes, écrit le titre en marge du manuscrit, mais il a négligé de le faire pour le plus grand nombre. Nous avons suppléé à cette omission, mais nous avons cru devoir placer entre crochets les titres ajoutés par nous. — (2) Chairs. — (3) Assaisonnements, sauces. — (4) Moins.

toutes manières d'oiseaus sauvages, comme grues, gantes, hairons, macrolles[1], collandes, noncelles[2], pluvions, perdriz, tuertereles[3], gelines sauvages, plouviers; e toutes les savors qui i apartiennent. E après, de chivez, de poiras[4] de lièvres e de conins, e de touz chivez e broez[5], e les potages que l'en en puet fère. E après, de pessons de mer e d'ève douche, e toutes les savors qui istrent, fètes en toutes guises

[CHAR DE PORC]

Char de porc, la loingne[6] en rost, en yver, e en estci as[7] aus vers; e qui en veut en chivei, si la depièche par morseaus, ce puis, cuisiez oingnons en saim[8], e broez[9] de poivre e d'autres espices, e pain ars[10], e deffaites en 1 mortier, puis destrempez de l'ève où le porc sera cuit, puis metez boillir, e metez sur les morseaus qui auront estci arochié[11], e du sel; e tous ceu metez en escuèles e du chivè desus.

Es autres membres de porc frès, en yver e en esté, à la savor verte, sanz aus, de poivre e de gingenbre e de perresil e de sauge destrempée de verjus ou de vin aigre ou de vin pur; e se eles sont salées, à la moustarde. Les IIII piez e les orilles e le groing, en souz[12], de perresil e d'espices detrempé de vin aigre. Le chaudin de porc, en bon rost, as aus ou au verjus. La haste menue, en brouet, par morseaus, ovec 1 poi d'ève en 1 paelle, e puis quant ele sera cuite, ostez l'ève e la gardez, puis prenez du foic e du pain e poivre e des espices, e bréez ensemble sanz bruler le pain, e destrempez de l'ève où ele sera cuite, puis atornez[13] tout en la manière que je vous ai dit, e prenez vin aigre e meté ovec, e pain brulé bien molu en 1 mortier.

---

(1) C'est la *macroule* et non la *macreuse*. La macroule est le nom vulgaire de la *foulque noire*, sorte d'échassier qui vit dans les marais. — (2) Nous n'avons pu trouver ce que sont ces deux oiseaux, les *collandes* et les *noncelles*. — (3) Tourtereles. — (4) Civets et purées. — (5) Brouets. — (6) Longe. — (7) Aux. — (8) Saindoux. — (9) Le mot *broez* est pris ici dans le sens de *broyez*. — (10) Pain grillé. — (11) Saupoudré. — (12) Voyez Soulz de pourcel, p. 20. — (13) Préparez.

[Por char de buef]

Char de buef fresche, as aus blans ; la salée, à la moustarde.
Les nomble [1] de buef, bien lardez, son bons en pasté.

[Por char de véel]

Char de véel, en rost ; la loingne parbouillie en ève e puis
lardée e rostie ; e mengié as aus vers ou au poivre. E se vous en
volez à la charpie, parbouilliez la en ève, e puis si la depechiez
par morseaus en 1 pelle, e puis frissiez les morseaus en une
paiele en saim ou en [2] lart, e puis metez des oves [3] batuz dessus, e
puis poudrés desus de poivre. Si sera charpie. E se aucuns en
veut en pasté, parboulliez la en ève, e puis lardez, e détrenchiez
par morseaus, e les metez en pasté.

[Po]r char de mouton

Char de mouton fresche, en yver e en esté, doit estre cuite o [4]
sauge e o ysope e o perresil, e mengié à la sause verte ; la salée,
à la moustarde. E qui en veut de rosti des costez, il la puet
mengier à la devantdite savour.

Por chevreaus e aingneaus

Char de chevreaus e d'aingneaus est bonne en rost ; més avant
les convient parboullir e puis larder menucrement. E veut estre
mengié o suor [5] de poivre aigret, cuit e destrempé de verjus ou
de pomme sauvage, ou au poivre noir.

---

(1) Le *nomblet* est la partie du bœuf que l'on appelle aujourd'hui *onglet*, dans
la boucherie de Paris. C'est un morceau de viande qui forme l'extrémité de la
hampe ou membrane qui sépare le foie et la rate d'avec la panse et les intestins.
Voyez *Ménag.*, t. ii. pp. 130, 131. — (2) Écrit *lu* dans le ms — (3) Œufs. Le mot
est fréquemment écrit *oes* dans le ms. — (4) Avec. — (5) Même mot que *savor*,
assaisonnement, sauce.

[CHAR DE PORCELEZ]

Char de porcelez, en rost ; mès avant les convient eschauder
e oster la frusure [1], e cuire tout entier, e puis cuire oves, les
moues [2] bien durs, e des chasteingnes cuites en feu, e du formage
de mai par lesches, e des peres de Saint Ruille ou de
Quaillouel [3] cuites en la brèse ; puis hagiez tout ensemble e
poudrez de poudre de canèle, de poivre e de gingembre, e des
autres espices, e sel; e metez en la toie [4] du porcel, ceucre [5], e en
depechiez entre les IIII membres. E cest mès doit estre mengiez
à la farsse.

POR CHAPONS E GELINES

Char de chapons e de gelines est bone en rost, à la sause de
vin en esté, en iver à la sause aillié fète d'aus e de canèle e
de gingembre, destrempée de leit d'alemandes ou de brebiz.
De rechief, cuisiez gelines, o herbes frèdes e o sel. De rechief,
chapons e gelines en brouet, fèt de canèle e de gingembre e
d'autres espices, e metez ovec moues de ovs batuz, e puis
depechiez la char par morseaus, e friez [6] en sain ; mès avant
brééz du pain e du safren, e des autres espices, e du foie, e

---

(1) Fressure. C'est le foie, le cœur et les poumons du porc. — (2) Jaunes d'œufs.
— (3) La poire de Saint-Ruille nous paroît être la poire de *Saint-Rigle* que cite
Olivier de Serres. *Th. d'agr.*, éd. de 1600, p. 689. Nous la voyons figurer dans les
Crieries de Paris par Guillaume de la Villeneuve (Bib. nat., mss., n° 837, fol. 246. r°).
Le Grand d'Aussy mentionne également cette poire, éd. de 1815, t. ɪ. pp. 274 et 279,
et l'appelle tantôt *Saint-Rigle*, tantôt *Saint-Rieul ;* d'après lui, cette espèce se
cultivoit surtout dans l'Autunois. *Rieule* est le nom francisé de *Regulus*,
évêque, et disciple de saint Jean l'Évangéliste et de saint Denis. Il existe encore,
en Bretagne, un petit hameau appelé Saint-Rieul dans le canton de Lamballe
(Côtes-du-Nord). Quant à la poire de *Quaillonel*, ne seroit-ce pas la poire de
Caluau, également citée par Olivier de Serres. D'autre part, le *Jardinier françois*
fait figurer, dans une longue liste, les poires de *Cailloüat de Champagne* et de
Cailloüat de Varennes. Ajoutons que le Dictionnaire d'Expilly mentionne un village
de 341 habitants nommé *Caillouel*, en Picardie. — (4) Membrane graisseuse dont
on fait usage, dans la boucherie et la charcuterie, et que l'on appelle *toilette*. —
(5) Sucre. — (6) *Frisez*, c'est-à-dire faites revenir.

destrempez du boullon, e colez [1] parmi une toaille, e metez
bouillir, e les ovs batuz e le safren e les espices, destrempez
de vin pur.

Por fére faus guernon

Se vos volez fére faus guernon, prenez les fees [2] e les ginsiers,
puis hagiez [3] menu ; bréez du pain, e destrempez du boullon, e
metez boullir ; e après metez moues de ovs batuz, e safren
destrempez de vin, e puis frisiez, e metez let [4], e hagiez char en
cresse [5], e metez boullir e movez touz jors, e puis metez les
oves e le safren. E drechiez en escuèles, e metez la poudre de
canèle, de gingembre e de clous de girofle, par desus.

Por oues

Oces [6] sunt bones, en esté, as aus, e, en yver, au poivre chaut ;
e les salées, au potage ; e devient [7] estre mengiées à la moustarde.

[Mallarz privés et sauvages]

Mallarz e aves privées, au poivre chaut. Mallarz e aves sauvages sunt bones à la sausse de sauge e de perressil e de canèle
e de gingembre, sanz poivre. De rechief [8] mallars salez, à la
mostarde.

[Oiseaus sauvages]

Oiseaus sauvages, comme guernes, gantes, hérons, rostiz
touz entiers, o tout les piez e o tout les testes. Macroles,
colandes, noncelles, plouviers, en rost, au poivre chaut.
Perdris, tuerterels, gelines sauvages, pluvions, touz menuement lardez, en rost, à la sausse de canèle e de gingembre.

---

(1) *Coulez*, faites passer. — (2) Foies. — (3) Hachez. — (4) Lait. — (5) Graisse.
— 6) Oies. — (7) Doivent. — (8) Écrit *de rechies* dans le ms.

sanz poivre, destrempée de vin. De rechief, perdriz, tuertereles, en pasté. Gelines sauvages, en setembre e otembre[1], au poivre aigre.

[CIGNES ET PAONS]

Touz cignes, poons : premièrement en tracz le sanc par les testes touz jus, après si les fendez pardessus les dos jusques ès espaulles e les esfondéez[2], e puis si les metez en broche o touz les piez e o toutes les testes ; puis bréez safren e pain blanc destrempez de vin, e bréez moues de oves e safren, e en moullez les oiseaus o une plume, e getez de la poudre desus, qui est ausi comme de toutes espices, fors de ciconant e de sormontaing[3]. E quant li cisne e li poon seront cuit e essuiez, si les envolepez en une toalle, e puis portez sus les tables einsi, e donez au seignor[4] du col e de la test e des èles et des cuisses, e du remenant ès autres.

[CONNINS ET LIÈVRES]

Touz connins e touz lièvres sont bons en pasté. Connins, en rost, au poivre chaut ou aigre, rostiz o tout les piez. Nul lièvre n'est bon en rost, fors en esté ; e si est bon en pasté, menuement lardé. Veneison fresche, au poivre chaut ; la salée, à la mostarde.

[CHAR DE CHEVREL]

Char de chevrel, la loigne en rost ou en pasté, menuement lardé, au poivre chaut ou à la sausse ailliée. En yver, fère d'aus e de canèle e de gingembre, destrempée de let d'alemandes, les alemandes destrempées d'ève tiède, e frite en sain ou en lart, e la sausse dedenz.

---

(1) Octobre. — (2) Videz. — (3) Nous n'avons pu trouver ce qu'est le *ciconant* ; quant au *sormontaing*, c'est le *Séséli Carvi*, plante ombellifère, dont les graines s'emploient encore aujourd'hui, en Amérique surtout, pour l'assaisonnement des aliments. On l'appelle aussi *sermontain* ou *sermontaise*. — (4) Seigneur.

Por blanc douchet

Se vos volez fère blanc douchet [1], prenez une geline e la metez
cuire en ève, puis cuilliez la cresse, e prenez les blans de la
geline e les bréez bien, puis prenez moues de oves cuiz en feu,
e metez boullir avec 1 poi d'amidon. Ausi le povez fère de luz
ou de perchez ; si sara le poisson [2].

Por cominée de gelines

Se vos volez fère cominée de gelines, prenez les gelines e
cuisiez en vin e en ève, e fètes boullir, e cuilliez la cresse [3], e
traez le gelines, e après prené moues de oves, si les batez bien
e deffaites du boullon, e i metez du comin, e metez tout
ensemble. Si aurez vostre cominée.

[Blanc brouet de gelines]

Por fère blanc brouet de gelines, metez les gelines cuire en
vin e en ève, e prenez alemandes, si les bréez e destrempez
du boullon, puis cuisiez en 1 beau pot ; e coupez les gelines par
morseaus, e les frisiez, puis metez tout ensemble dedans cel
pot boullir ; puis prenez alemandes, e girofle, e canèle, e poivre
lonc, e folion, e guaringal, e safren, e çucre, puis destrempez
d'un poi de vin aigre, e metez ensemble. Si aurez bon brouet.

Por soutil brouet d'Engleterre

Se vos volez fère soutil brouet d'Engleterre, prenez gelines e
cuisiez les fees [4] ; puis prenez chasteingnes, si en traiez les

---

(1) Cette recette a une certaine analogie avec le *blanc-mengier* et le *blanc brouet
de chapon* de Taillevent, mais est, néanmoins, très différente. — (2) M. Douet
d'Arcq explique ces mots par *quelque soit le poisson* ; cela pourroit aussi vouloir
dire qu'on peut remplacer la poule par du brochet ou de la perche et que ce plat
devient alors un plat maigre (pour jour de poisson). — (3) Dégraissez. — (4) Foies.

noicas,[1] e bréez ensemble, puis destrempez de l'ève où les gelines
seront cuites ; e metez gingembre, safren e poivre lons, e
deffaites de cel brouet, puis metez ensemble.

Por grane de menus oiseaus

Se vos volez fère grane de menus oiseaus, metez les oiseaus
cuire en 1 pot tout assec, ovec charbonnées de lart[2], e metez vin
en ève, e poivre, e gingembre, e tenez bien couvert que l'alaine
ne s'en isse devant que tout soit cuit.

Por blanc mengier

Se vos volez faire blanc mengier, prenez les èles e les piez de
gelines e metez cuire en ève, e prenez un poi de ris e le
destrempez de cele ève, puis le fètes cuire à petit feu, e puis
charpez la char bien menu eschevelée[3], e la metez cuire ovec
un poi de chucre. Si aura non *laceiz*. E se vos volez, si metez
cuire ris entier ovec l'ève de la geline ou ovec let d'alemandes ;
si ara nom *angoulée*[4].

Por cominée des poissons de mer et d'ève douche

Esturjon est 1 pesson réal, e doiet estre depechiez par pièches,
e puis les pièches mises en une broche, e tout l'autre autresi.
E le cuit en ève se veut mengier au poivre chaut ou au perressil,
e au fanoil e au vin aigre ; le salé, à la moustarde[5].

Se vos volez fère cominée de pesson, prenez comin e alemandes, si les brez e destrempez d'ève clère, e colez, e metez
dedenz le pesson.

---

(1) Le mot *noicas* pourroit bien vouloir designer ici l'intérieur, la *noix* de
la châtaigne, par opposition à son enveloppe. - (2) Avec du lard grillé. Le
mot *charbonnée* s'emploie encore aujourd'hui et signifie *grillade de porc* ou *de
bœuf*. — (3) Coupée en lanières très minces. — (4) Il semble que l'auteur qui
donne ici une recette du *blanc-mengier* indique que ce plat change de nom et
devient un *laceiz* ou une *angoulée* lorsqu'on y ajoute certaines choses. — (5) Recette mal placée ici par une erreur de l'auteur. Voir note 1, page 128.

[SARRAGINÉE]

Se vos volez fère sarraginée[1], prenez anguilles, si les escor-
chiez e puis si les depechiez par morsaus, e les salez, e frisiez
ensemble ; puis prenez pain e çucre, e bréez tout ensemble et
destrempez de vin e de verjus, e metez tout boullir oveques les
anguilles, puis prenez canèle, e espic[2], e girofle, e tout ce bréez
ensemble, e le destrempez d'un poi de vin aigre, puis le metez
ovec les anguilles, e couvrez bien, e traez arrière du feu.

POR LET DE PROVENCE

Se vos volez fère let de Provence, prenez alemandes ; si les
bréez e destrempez de vin et d'ève, puis prenez perressil tout
entier, e oignons par roeles[3], e metez les anguilles ovec, e
frissiez tout ensemble, puis prenez safren entier, e ève, e poivre
lonc.

[GALENTINE A LUIS]

Se vos volez fère galentine à luis[4], prenez poivre e canèle e
gingembre, e bréez tout ensemble, e destrempez de fort vin
aigre, e cuisiez vostre pesson, e metez dedenz.

[GALENTINE A LAMPROIE]

Se vos volez fère galentine à la lampree[5], prenez pain levei, e
bréez, e le metez cuire ovec le sanc de la lampree e bon vin
blanc, e soient enlevués en cel vin meismes, e i metez grant
foison de poivre, e de sel assez soffisamment, puis prenez les
lamproiez e metez sus une nape por refredier ; e puis prenez du
pain, si le bréez e destrempez de vin aigre. E quant vos aurez
ce fet, si le colez parmi 1 saaz[6], e puis ce metez en une paele

---

(1) C'est le *brouet sarrasinois* du *Ménag.*, t. II, p. 172 et le *brouet serrazines* du
ms. de la Bibl. Mazar. — (2) C'est le *spic* ou lavande. — (3) Par tranches. —
(4) Brochet. — (5) Lamproie. — (6) Tamis.

clère, e fètes boullir e le mouvez tousjors que il n'aurse[1], puis le metez refredier e le movez bien, e puis prenez vos poudres de gingembre, de canèle e de girofle fètes si, metez si par avenant sus vos lamprees, e cuillés, e metez vos bariz[2].

GELÉE DE POISSON

Se vos volez fère gelée de pesson, esquerdez[3] le pesson e depechiez par pièches, c'est assavoir carpes e tenches, bresnes e tourboz, e metez cuire en vin pur e fort, puis prenez canèle, gingembre, poivre lonc, garingal, espic, e 1 poi de safren, puis bréez e metez tout ensemble ; e quant vous l'osterez du feu, si en traez le pesson par escuèles e verseiz sus ; e se vos véez qu'il soiet trop espès, si le colez, e lessiez refredier jusques au matin, e lors si le prenez autressi comme gelée.

BLANC MENGIER EN CARESME

Se vos volez fère blanc mengier en caresme, prenez ris e le cuisiez en ève, e le purez quant il sera cuit, e adentez[4] le pot e le séchiez bien ; puis le bréez, destrempez de let d'alemandes, e movez touz jors, e puis dréchiez en escuèles, e poudrez des espices desus, e de clous de girofle, ou des alemandes frites.

[FLAONS EN CARESME]

Se vos volez fère flaons en caresme, prenez anguilles ; si en ostez les arestes quant il seront cuites, puis si les bréez bien en 1 mortier, e metez 1 poi de gingembre e 1 poi de safren e de vin. E de ce poez fère[5] flaons ou tartes ou[6].....

---

(1) Afin qu'il ne brûle pas. On trouvera ce mot écrit aussi *n'aerde, n'arde*. — (2) Le texte de cette recette nous paroit corrompu ; telle qu'elle est, elle n'est pas compréhensible. — (3) Écaillez. — (4) Retournez le pot, mettez-le sens dessus dessous. — (5) Et de ce pouvez faire. — (6) La phrase est inachevée dans le ms.

[Pastés norreis]

Por fère pastez norreis, prenez menuise[1] de luiz ou d'autre
pesson, e ce boulliez, puis tailliez par morseaus comme dez, e
i metez gingembre e canèle, e destrempez d'un poi de vin, puis
en fètes vos pastez. E les fètes petiz, e frisiez en uile.

[Autre pasté de caresme]

Se vos volez fère pastez qui aient savor de formage, ou flaons
en caresme, prenez les leitenches de carpes ou de luiz, e pain,
puis bréez tout ensemble, e destrempez de let d'alemandes. E se
vos volez qu'il set trop blanc, si i metez 1 poi de safren. E de
ce povez fère vos pastez e flaons en caresme ; si auront savor
de fromage.

Ici enseigne des pessons e autres viandes

Congre frès est bon à la verte sausse, fète de sauge e de
perressil e de poivre e de gingembre, destrempée de vin aigre
ou de verjus[2].

[Saumon frès]

Saumon frès, au poivre chaut ; le salé, à la moustarde, en
yver et en esté.

[Luiz]

Luiz à la sausse verte ; luiz à la galentine, luiz au bescuit :
premièrement rosti, e puis en moult ou en sidre paré en une
paele, e fet boullir, e prenez poudres de toutes manières
d'espices e du pain destrempez du bescuit qui est en la paele, e
puis metez en escuèles le pesson dedenz.

[Perches, anguilles]

Perches, à la sausse de vin. Anguilles, en pastez. *Item*, anguilles
salées, cuites en ève, à la moustarde. Tout pesson d'ève douce

---

(1) Fretin. — (2) Voyez note 5, p. 122 et note 1, p. 128.

qui est cuit en ève est bon à la verte sausse ; allés[1], à la moustarde.

[BRESME]

Por bresnes cuites en ève, au poivre aigre, de poivre, de canèle, e de gingembre, destrempée de verjus. E si metez ovec la char d'un pesson au fer de la paele par morseaus.

[LOCHES ET CHAVELOZ]

Loches e chaveloz[2], à la sausse verte, cuites ; e frites, à la moustarde.

[HANONS, RAIE, ETC.]

Hanons, au cyvè, ou cuiz en ève, au poivre e au gingembre.
Raie, chien de mer, brochet, brotèle, as aus blans.
Qules[3], à la moustarde.
Espellens, au poivre aigre fet de gingembre e de canèle.

[BARS D'ÈVE DOUCE]

Bars d'ève douce, rostiz sur le greeil, un poi de feurre[4] desouz que il n'aerdent au greil, au verjus. E se il est cuit en ève, à la sausse verte soit mengiez.

[MAQUEREAUS FRÈS]

Maquereaus frès sont bons en pasté, poudrez d'un poi de poivre e d'un poi de poudre d'espices e de sel. *Item*, maquereaus frès, rostis, sont bons à la sausse cameline, sanz aus, de canèle e de

---

(1) Pour *hallés*, c.-à-d. grillés. — (2) Chabots ou meuniers. — (3) Nous ne trouvons ce poisson, non plus que le précédent, ni dans Belon, ni dans Rondelet. Peut-être ce mot a-t-il été mal écrit et s'agit-il des *Ables* qui, dans la recette de Taillevent, se doivent manger à la moustarde ? Ou bien devons-nous croire qu'il désigne l'anchois nommé *Halecula* en latin ? — (4) Paille.

gingembre, destrempée de vin aigre. Ceus qui sont cuiz en ève, mengiez à la savor fète de poivre e de canèle e de gingembre. Les salez, à la moustarde où à la sausse de vin.

[MORUE FRESCHE]

Morue fresche doit estre cuite en ève bien salée, e se veut mengier à la blance aillié d'aus e d'alemandes destrempées de vinaigre, e frite en uile. La salée, à la moustarde.

[PLAIZ, FLONDRES]

Plaiz, flondres, cuites en ève, à la sausse de vin. *Item* plaiz, flondres, à la galentine, de sauge, e de perressil, e de canèle, e de gingembre e d'autres espices, destrempée de vin aigre.

[MELLENS FRÈS]

Mellens[1] frès, as aus de pain e deffaiz de verjus de grain ; les salez, à la moustarde.

[GORNARS]

Gornars[2], cuiz en ève, à la sausse cameline, destrempée de vin aigre. *Item* gornars, au poivre chaut.

[HARENS]

Harens frès e poudrés à l'ail. Harens de gernemus, au verjus ou à la moustarde. Harens frès, cuiz en ève, au poivre chaut.

[SEICHES]

Seiches blanches, à l'aillié de vin aigre. *Item* seiches en chivè d'oignons assez frites en uile, as alemandes, colées au poivre, tout ensemble.

---

(1) Merlans. — (2) C'est le même poisson que le *gournault* ou *gornault*. Voyez note, p. 28.

[Civé d'oïstres]

Oïstres en civè, cuites en ève avant, e oignons, au poivre e au safren, e à l'aillié alemandes. Oïstres bis, au sel, e au pain bien levé.

Metez esturjon e ceu qui ensuyt après congre. C'est droiz [1].

Quiconques veut servir en bon ostel, il doit avoir tout ce qui est en cest roulle escrit en son cuer, ou en escrit sus soi ; e qui ne l'a, il ne peut bien servir au gré de son mestre.

Ci fenist le traitié de faire, d'apareilier touz boires, comme vin, claré, mouré [2] e toz autres, e d'apareilier e d'assavoureir toutes viandes, soronc [3] divers usages de divers pais.

(1) L'auteur nous indique ici que la recette de l'esturgeon (p. 122), doit être placée après celle du congre (p. 125), et, en effet, cette recette n'a aucun rapport avec la cominée de poisson à laquelle elle se trouve mêlée. — (2) On appelle encore en Normandie *mouret* le fruit de l'airelle. Ces *mourets* ou *maurets* sont des baies d'un pourpre noirâtre dont ou retire une eau-de-vie ; elles servent à préparer des confitures et à faire un sirop rafraîchissaut. — (3) Selon.

PIÈCES JUSTIFICATIVES

PIÈCES JUSTIFICATIVES

MANDEMENT DE PHILIPPE DE VALOIS AU BAILLY DE ROUEN DE PAYER A GUILLAUME TIREL SON QUEU 228 LIVRES 4 DENIERS ET MAILLE PARISIS A LUI DUS A CAUSE DE SA FEMME. — ROYE-LÈS-SAINTE-GEME, 12 MAY 1346.

Philippe, par la grâce de Dieu, Rois de France, au bailli de Rouen ou a son lieutenant, salut. Comme nous soiens tenus a Guillaume Tirel, nostre keu, en la somme de deux cens vint huit livres quatre deniers et maille parisis, laquele somme qui li appartient a cause de sa femme, fille de Jehanne, suer de feu Jaque Bronart, jadis sergent d'armes, estoit deue a yceli feu Jaque de nostre temps et du temps d'aucuns nos predecesseurs (que Dieu absoille), si comme par plusieurs escroes ou cedules vérifiées en la chambre de nos comptes, l'en dit apparoir et nous aiens autrefois mandé la dicte somme estre paiée, dont riens n'a esté fait ou préjudice de nostre dit keu qui a longuement poursui la dicte paie, si comme il dit, nous, a sa supplication, te mandons et commandons que sanz autre mandement attendre de nous, tu, veues les dictes escroes ou cedules, li paies la dicte somme ou a son certain mandement [sur les] amendes ou fourfaitures escheues ou a escheoir en ton bailliage, sur quoi nous il assignons et voulons estre paiée icel[le somme] de grâce especial par ces presentes, non contrestant ordenances, deffenses et mandemens quelconques contraires ; mandons a nos amez et féaux gens de nos comptes et tresoriers a Paris qu'il n'empesche icelles assignation et paie, mais les facent tenir et accomplir et a nos dictes gens des comptes que la dite somme ainsi paiée il t'alouent en tes comptes et rabatent de ta recepte en rapportant les dictes escroes ou cedules et quittances avec les presentes. Donné a Roye lez Ste Geme, le xij^e jour de may, l'an de grâce mil ccc quarante et six, souz nostre seel secret.

Pour le roy tenant ses comptes,

J. MARUEIL

Par le Roy,

J. VERRIÈRE   R. DE SALG

Bibl. Nation., mss. français. 25698 (*Chartes royales, t. 2*), n° 140.

PIÈCE N° 2

ORDRE ITÉRATIF DU MÊME PRINCE DE PAYER GUILLAUME TIREL. — COMPIÈGNE, 21 OCTOBRE 1346.

Philippe, par la grâce de Dieu Roys de France. Au bailli de Roan ou a son lieutenant salut. Comme par noz autres lettres nous eussiens mandé a toy et a tous les vicontes de ton bailliage que a personne quelconque tu, ne les diz vicontes, païssiez aucuns deniers de la Recepte de ton bailliage, mais yceuls apportissiez a nostre tresor a Paris et pour ce as reffusé et reffuses paier certainz deniers deuz a nostre amé queu Guillaume Tirel a cause de sa femme par plusieurs cedules lesqueles tu as par devers toy avec nostre mandement : Nous te mandons que, tout ce qu'il t'apperra nous estre tenu par les dictes cedules, tu paies sans delay a nostre dit queu nonob-

stant noz dictes lettres ne autre defence faite a toy ou a tes
vicontes. Et tout ce que tu li aras paié, nous mandons a noz
amez et féauls genz de nos comptes a Paris que il l'allocnt en
tes comptes et rabatent de ta recepte sanz nul contredit. Car
ainsi le voulons-nous estre fait de grace especiale. Donné a
Compiengne, le xxiiij^e jour d'octobre, l'an de grace mil ccc
quarante six, souz nostre seel du secret.

Par le roy present l'aumosnier
VERRIÈRE

Bibl. Nation.. Cab. des titres. *Pièces originales.* 2829, au mot *Thirel.* n° 2.

PIÈCE N° 3

LES TRÉSORIERS DU ROI MANDENT A G. BONNE ENSEIGNE DE PAYER
A JEHANNE LA BOARDE (BELLE-MÈRE DE TAILLEVENT) 72 LIVRES
16 SOUS 9 DENIERS DUS A SON FRÈRE. — PARIS, 4 JUIN 1337. [1]

Les Tresoriers le roy nostre sire a Paris. A Guillaume Bonne
Ensengne commissaire deputé a lever et exploiter plusieurs
debtes deues au dit seigneur salut. Nous avons receu les lettres
du Roy nostre sire par lesqueles nous est mandé que tout ce
que par lettres, cedules ou escroes visiées en la chambre des
comptes nous apperra estre deu a Jaques Boart jadis sergent
d'armes, nous paions ou assignons a Jehanne la boarde, suer et
hoir pour le tout du dit feu Jaques si comme plus a plein est
contenu ou dit mandement a nous envoié sur ce : si vous mandons
que la somme de lxxij livres xvj solz ix deniers oboles parisis
fort quil vous apparra par une cedule ou escroe visiée en la

____

(1) Cette pièce, datée de 1337, auroit dû être placée la première ; nous ne nous
sommes aperçus de notre erreur que lorsque l'Introduction étoit déjà tirée ; nous
avons donc dû la maintenir à cette place qui n'est pas la sienne afin de ne pas
produire de confusion, en raison des renvois aux pièces justificatives qui se
trouvent dans l'Introduction.

chambre des comptes et advaluée au tresor estre deue audit
Jaques pour la cause contenue en la dite cedule ou escroe, vous
paiez et delivrez a la dite Jehanne ou a son certain mandement
des deniers que receu avez ou recevrez des debtes deues au
roy nostre sire d'iceluy temps ou du temps d'aucun de ses
predecesseurs jadis roys à vous commis a lever et exploiter, ou
vous li en faites tele et pour bonne assignation que bonement
en soit paiée, pourveu toutefoiz que la dite somme appartiegne
a la dite Jehanne seule et pour le tout, en retenant par devers
vous le mandement dessus dit, ladite cedule ou escroe et lettre
de quittance a ce necessaire de ce que paié ou assigné li aurez
avec ces presentes par lesquesles a nous raportant ce que
einssi paié ou assigné li aurez, vous sera alloué en vos comptes
et rabatu de vostre recepte. Donné a Paris, le iiije jour de juing,
l'an de grace mil ccc trente sept.

Bibl. Nation., mss. français, Quittances et Pièces diverses, 25996, n° 138.

Pièce n° 4

Philippe de Valois permet a G. Tirel et a sa femme Jehanne de fonder une chapelle dotée de 24 livres de rente sur leur maison dite Larchière a S. Germain en Laye et lui donne l'amortissement de cette chapelle. — S. Léger en Iveline, octobre 1349.

Philippe par la grâce de Dieu roys de France, savoir faisons
a tous presens et a venir que nous, de grace especial et de nostre
plain povoir et auctorité royal, avons octroié et octroyons a
nostre amé queu de bouche Guillaume Tirel autrement dit
Taillevant et a Jehanne sa fame, qu'il puissent fonder toutes
fois qu'il leur plaira pour le salut de leurs âmes et des leurs
une chappelle, et la douer de vint et quatre livres par. de rente
perpetuelle sanz fié et sanz justice a penre, les chascun an, par le
chappellain de la chappelle dessus dite, sur une leur maison
et les appartenances d'icelle appellée Larchière assise en la
ville de S. Germain en Laye et que les chappellains qui tendront

ladite chappelle ne soient tenus ni contrains de faire a nous ne
a autres finance quelle que elle soit, ne ladite rente mettre
hors de leurs mains : laquelle finance, nous, en ampliant nostre
presente grâce avons donné et donnons ausdiz mariés pour
les bons et agreables services que nous a fait ou temps passé
ledit Guillaume et espérons qu'il nous face ou temps a venir.
Nous avons fait mettre nostre grant seel en ces presentes sauf
nostre droit ès autres choses et l'autrui en toutes. Fait et donné
à S. Ligier en Yveline, l'an de grâce M. ccc xl et nuef, ou moys
d'octobre.

Trés. des Chartes, reg. 78, n° 56.

Pièce n° 5

Guillaume Tirel, escuyer de l'hostel du Dauphin de Viennois
reçoit 15 livres parisis sur ses gages desservis et a
desservir. — Sans lieu, 12 aoust 1355.

Sachent tous que Je, Guillaume Tirel dit Taillevent, escuyer
de l'ostel de Mons. le Dalphin de Viennois ay eu et receu
de Gilles Daniel et Nicole Le Couete, thresoriers generaulz de
cest present subside de gens d'armes, sus les gages desservis et
a desservir de moy dessus dit Guillaume receu a monstre par
les mareschalx a ce deputez sous le gouvernement de mon dit
seigneur le Dalphin, le xxvj° jour de juillet derrenier passé, c'est
assavoir quinze livres parisis, compté ens, pour les drois du
conestable de Normandie dix solz parisis que les dis thresoriers ont receu par devers eulz, de laquele somme de quinze
livres parisis je me tien pour bien paié et en quite mon dit
Seigneur le Dalphin, les dis thresoriers et tous autres a qui il
peut appartenir. Donné sous mon seel, le xij° jour d'aoust, l'an
de grâce mil ccc cinquante cinq.

Bibl. Nation., *Pièces originales*, 2829, au mot *Thirel*, n° 4.

aa ij

PIÈCE N° 6

GUILLAUME TIREL, QUEU DU DAUPHIN, REÇOIT 90 LIVRES TOURNOIS OU 50 ÉCUS D'OR A 36 SOUS A LUI DONNÉS PAR CE PRINCE — SANS LIEU, 19 AOUST 1355. — SCEAU A UNE TÊTE D'HOMME PORTANT SA BARBE LONGUE.

Sachent touz presens et a venir que Je, Guillaume Tirel *alias* Taillevent, queu de Mons. le Dalphin de Viennois, confesse avoir eu et receu de Gilles Daniel et Nicole Le Couete, thresoriers generaulz du subside des gens d'armes accordé audit Mons. le Dalphin pour cause de ses guerres, par la main de Estienne Dutois, receveur du dit subside en la viconté du Pont de l'Arche, la somme de quatre vins diz livres tournois, c'est assavoir en cinquante escus d'or du coing de Jehan, trente sis soulz tournois pour piece, lesquiex cinquante escus d'or le dit Mons. le Dalphin m'avoit donnez a prendre sur le dit subside, si comme il appert par lettres du don sur ce faites, desquiex escus et somme d'argent, a value comme dit est, je me tien pour bien paié et en quite le dit Mons. le Dalphin, les dis thresoriers, le dit Estienne et touz ceuz a qui quitance en peut et doit appartenir. Donné sous mon seel, le merquedi xix° jour d'aoust, l'an de grace mil ccc cinquante et cinq.

Bibl. Nation., Cab. des titres. *Pièces originales,* 2829, au mot *Thirel,* n° 5.

PIÈCE N° 7

MANDEMENT DU DAUPHIN AU Vte DU PONT DE L'ARCHE DE PAYER A TAILLEVENT SON QUEU 50 FLORINS D'OR A L'ESCU POUR UN CHEVAL QU'IL LUI A VENDU. — VAL DE RUEL (VAUDREUIL), 19 SEPTEMBRE 1355.

Charles, ainsné filz et lieutenant du Roy de France, Dauphin de Viennois et Conte de Poitiers. Au viconte du Pont de l'Arche salut. Nous vous mandons que, des deniers de vostre recepte ordenaire ou extraordinaire, baillez et delivrez ou faîtes bailler

et delivrer a nostre amé queu Taillevent cinquante florins d'or
a l'escus ou la valeur, pour un cheval que nous avons eu de luy,
duquel nous avons fait nostre volenté laquelle somme d'escuz
ou la valeur sera alloée en voz comptes et rabatu de vostre
recepte par nos bien amez les gens des comptes de nostre dit
seigneur a Paris, sanz nul contredit, non obstant ordenances
mandemens ou deffenses contraires. Donné au Val de Ruel, le
xixᵉ jour de septembre, l'an de grace mil ccc cinquante et
cinq.

> Par mons. le Dauphin.
> Savyot(?)

Bibl. Nation., mss. français, 25701 (Chartes royales, t. 5) nᵒ 62.

Pièce nᵒ 8

Guillaume Taillevent, écuyer, reçoit 8 livres 10 sous pour
ses gages desservis en ces presentes guerres. — Hesdin,
17 novembre 1355.[1] — Sceau portant un lièvre courant et
trois roses.

Sachent tuit que Je, Guillaume Taillevant, escuier, ay eu et
receu de Jehan Chauvel, tresorier des guerres du Roy nostre
sire, en prest sur les gaiges de moi seul, desserviz et a desservir
en ces presentes guerres sous le gouvernement de Mons. le
Dalphin de Viennois huit livres dix solz tournois, compté ens

---

(1) Nous avons remarqué, dans l'Introduction, la différence des armes du
sceau de cette pièce avec celles d'autres pièces et celles du tombeau. Nous
sommes encore frappés, en la relisant, de ce titre d'écuyer pur et simple et de la
profession nettement militaire de Guillaume Taillevent tandis que, lorsque Tirel
est qualifié d'écuyer, c'est toujours d'écuyer de l'hôtel du Dauphin ou d'écuyer
de cuisine. Nous nous demandons donc si cette pièce est bien sûrement relative
à notre Guillaume Tirel. Mais la pièce nᵒ 5, qui le concerne bien certainement,
et qui est de la même année 1355, nous fait voir Taillevent reçu à montre
par les maréchaux et, par conséquent, servant bien militairement: nous
croyons donc devoir maintenir la pièce nᵒ 8 comme s'appliquant à lui.

pour droiture vingt sols tournois, desquelles viij l. x s. t. je me
tiegne pour bien paiez. Donné a Hesdin, soubz mon seel, le xvij^e
jour de novembre, l'an mil ccel cinq.

Bibl. Nation., mss. français. *Coll. Clairambault*, recueil 105, p. 8151, n° 8.

Pièce n° 9

MANDEMENT DES GENS DES COMPTES AU Vte DE ROUEN DE PAYER A
GUILLAUME TIREL DIT TAILLEVENT LA SOMME CONTENUE EN LA
CÉDULE ATTACHÉE A CELLE-CI. — PARIS, 8 JANVIER 1368 (1369, n. st.)

De par les gens des comptes, Viconte de Rouen, le Roy nous a
mandé expressement qu'il luy plaise que Guillaume Tirel dit
Taillevent, queu d'icelluy seigneur, soit paiez de la somme
d'argent contenue en la cedule atachée a ceste cedule soubs un
de nos signés[1] a lui deue pour la cause dont en icelle cedule
est faicte mencion. Si vous mandons que icelle somme vous
lui paiez par tele maniere qu'il n'ait cause de plus retourner
pour ce par devers nostre dit seigneur ou par devers nous
supposé que par necessité vous deussiez retrencier sur les
autres a qui il est aucune chose deu sur vostre recepte pour
le temps passé. Escript a Paris, le viij^e jour de janvier, l'an
mil ccc lx viij.

Bibl. nation., Cab. des titres, *Pièces originales*, 2829, au mot *Thirel*, n° 6.

Pièce n° 10

GUILLAUME TIREL, QUEU ET SERGENT D'ARMES DU ROI, REÇOIT DU
Vte DE ROUEN, 54 LIVRES 18 SOUS TOURNOIS A LUI DUS POUR LES
GAGES QU'IL PREND A VIE SUR CETTE VICOMTÉ. — SANS LIEU,
19 FÉVRIER 1368 (1369 n. st.)

Guillaume Tirel dit Taillevent, queu et sergent d'armes du
Roy nostre sire, confesse avoir eu et receu de honnorable

---

(1) Sous l'empreinte de l'anneau de l'un des gens de comptes.

homme et saige Symon de Baigneux, viconte de Rouen, cinquante
quatre livres dix huit souls tournois qui deuz lui estoient pour
le demourant des gaiges qu'il prent a vie sur la viconté de
Rouen pour tout le temps que le dit viconte a esté viconte
de Rouen, laquelle debte il avoit baillé a court en la fin de son
compte du terme de la Saint Michiel derreniere passé desquelx
cinquante quatre livres dix huit souls tournois le dit Guillaume
se tint a bien paié et en quitte a tousjours le dit viconte et
tous autres. . . . . Fait l'an mil ccc lx viij, le lundi xix⁰ jour de
février.

Bibl. Nation., Cab. des titres. *Pièces originales*. 2829. au mot *Thirel*. n⁵ 7.

PIÈCE Nº 11

LE ROI MANDE A GUILLAUME TAILLEVENT DE REMETTRE A JEHAN
  GENCIEN 67 FRANCS ET DEMI QU'IL A PROMIS DE PRÈTER AU ROI
  POUR PAYER TROIS GENS D'ARMES. — VINCENNES, 21 NOVEMBRE
  1370.

Au bois de Vinciennes lez Paris,
21 novembre 1370. VII.

De par le roy.

Guillaume Taillevent, Nous vous mandons que, veues ces
presentes, vous, la somme de soixante sept franz et demi pour
trois paies de gens d'armes, que acordé nous avez prester
pour six sepmaines, pour enforcier nostre connestable, afin
qu'il puist miex et plus poissanment combatre noz ennemis,
vous apportez ou envoiez par devers Jehan Gencien, bourgois
de Paris, ordené et comis a ce recevoir, lequel vous bailera
sur ce cedule ou escroe. . .

Par le roy
H. D'AUNOY

Mandements de Charles V. Delisle. p. 372. nᵉ 729.

PIÈCE N° 12

GUILLAUME TAILLEVENT, QUEU DU ROI, REÇOIT 67 FRANCS ET DEMI D'OR, PAR LUI PRÊTÉS AU ROI. — SANS LIEU, JUIN 1371. — SCEAU PORTANT TROIS MARMITES ET SIX ROSES.

Sachent tous que Je, Guillaume Taillevent, queu du roy nostre sire, confesse avoir eu et receu de honnerable homme et sage Nicolas Tricart, receveur des aides ordennés pour la guerre es terres et pais que tient en douaire en Normendie Madame la Royne Blanche, la somme de soixante sept francs demi d'or qui m'estoient deus pour certain prest fait a nostre dit seigneur pour la paie de trois hommes d'armes. Si comme par mandement de nostre dit seigneur et lettre de recongnoissance de Jehan Gencien commis a recevoir les dis empruns, puet plus a plain apparoir ; de laquelle somme de lxvij frans et demi pour les mois de février, mars, avril et may derreniers passés je me tiens a bien paiez et en ay quitté et quitte le roy nostre dit seigneur, le dit receveur et tous autres. Tesmoing mon seel mis a ceste quittance, le xij^e jour de juing, l'an mil ccc lx et onze.

Bibl. Nation., Cab. des titres, *Pièces originales*, 2829, au mot *Thirel,* n° 8.

PIÈCE N° 13

GUILLAUME TIREL, PREMIER QUEU DU ROY, REÇOIT DU Vte DE ROUEN 55 LIVRES 3 SOUS TOURNOIS POUR SES GAGES A RAISON DE 6 SOUS PAR JOUR. — SANS LIEU, 24 JANVIER 1367 (1368, n. st.) — MÊME SCEAU QUE SUR LA PIÈCE N° 12.

Sachent touz que Je, Guillaume Tirel dit Taillevent, premier queu du Roy nostre sire, confesse avoir eu et receu de honorable homme et sage Symon de Baigneux, viconte de Rouen, la somme de cinquante cinq livres trois solz tournois qui deubz m'estoient pour cause de mes gaiges de vj s. t. par jour, que je pren par an sur la dite viconté, pour le terme de la saint Michiel ccclxxvij derreniere passé de laquelle somme de

lv l. iii. s. t. dessus dits je me tien pour bien paié et en quitte
le Roy nostre sire, le dit viconte et tous aultres a qui quittance
en peut et doit appartenir. Donné souz mon propre seel,
le xxiiij⁰ jour de janvier, l'an de grâce mil ccc lxx vij.

Bibl. Nation., Cab. des titres, *Pièces originales*, 2829, au mot *Thirel*. n° 9.

<h3 style="text-align:center">PIÈCE N° 14</h3>

GUILLAUME TIREL REÇOIT DU MÊME Vᵗᵉ 56 LIVRES 8 SOUS POUR SES
   GAGES. — SANS LIEU, 12 JUILLET 1381.

Sachent tous que Je, Guillaume Tirel dit Taillevent, congnois
avoir eu et receu de honorable homme et sage Symon de Baigneux, viconte de Rouen, la somme de chinquante six livres huit
sous tournois qui deus m'estoient du terme de la saint Michiel
derreniere passée pour cause de mes gaiges de vj s. t. par jour
que j'ay acoustumé prendre sur la dite viconté de laquelle
somme de lvj l. viij s. dessus dicte je me tien pour bien paié
et en quitte le Roy nostre sire, le dit viconte et tous autres.
Donné sous mon propre seel, le xij jour de juillet, lan mil ccc iiij ˣˣ
et un.

Bibl. Nation., mss. français. *Quittances et pièces diverses*, 26018, n° 251.

<h3 style="text-align:center">PIÈCE N° 15</h3>

GUILLAUME TIREL DIT TAILLEVENT REÇOIT 8 FRANCS POUR LA VENTE
   DE ONZE BARILS DE VINS FRANÇOIS DE FESTUZ POUR LA DÉPENSE
   DE L'HOTEL DU ROI. — SANS LIEU, 26 NOVEMBRE 1388.

Saichent tous que Je, Guillaume Tirel dit Taillevent, premier
escuyer de cuisine du roy nostre sire, confesse avoir eu et receu
de Jehan Laubigois, maistre des garnisons de vins du Roy
nostre dit seigneur, la somme de huit francs pour la vente de

bb i

onze barils de vins françois de festuz[1] qui font ii muis xij setiers à la grange françoise, traiz a barils en mon hostel ou mois de Juing derrenier passé, pour la despense de l'ostel du Roy : de laquelle somme de huit francs je me tien pour bien paié et en quitte le dit maistre des garnisons et tous aultres. En tesmoing de ce, j'ai seellé ceste quittance de mon seel. Donné le xxvj[e] jour de novembre, l'an mil ccc iiii [xx] et huit.

Bibl. Nation., *Collection Clairambault*, recueil 106, page 8279, n° 103.

PIÈCE N° 16

GUILLAUME TIREL DIT TAILLEVENT REÇOIT 54 LIVRES 12 SOUS POUR SES GAGES. — SANS LIEU, LE DERNIER JOUR DE FÉVRIER 1388 (1389, n. st.) — MÊME SCEAU QUE SUR LES PIÈCES N° 12 ET 13.

Sachent tuit que Je, Guillaume Tirel dit Taillevent, confesse avoir eu et receu de honnorable homme et sage Richart de Cormeilles, viconte de Rouen, la somme de cinquante quatre livres douze souls tournois qui me furent comptez es comptes du dit viconte du terme de St Michiel derrenier passé et qui deuz m'estoient pour mes gaiges du terme de Pasques derrenier passé : de laquelle somme de liiij l. xij s. t. dessus diz je me tieng a bien paié et en quitte le Roy nostre dit seigneur, le dit viconte et tous autres. En tesmoing de ce, j'ay seellé ceste quittance de mon propre seel, l'an de grace mil ccc iiii [xx] et huit, le derrenier jour de février.

Bibl. Nation., Cab. des titres, *Pièces originales*, 2,829, au mot *Thirel*, n° 10.

(1) Le vin de festuz (de *festuca*, paille) dont il est ici question pourroit être le vin *paillet* que mentionne Le Grand d'Aussy, éd. de 1815, t. III, p. 67. D'après cet auteur, c'etoit une sorte de vin clairet qui n'étoit ni rouge ni blanc. « Il y en avoit de plusieurs nuances, écrit-il, gris, *paillet*, œil de perdrix, etc., etc. » Littré dit que *vin paillet* est synonyme de *vin de paille*. On appelle ainsi un vin fait avec du raisin muri sur la paille et ayant, de cette façon, perdu toute acidité. Nonnius, *De re cibaria*, liv. IV, p. 471, éd. de 1646, rapporte, d'après Pline et Varron, que les Romains nommoient *passum* le vin doux qu'ils faisoient avec le raisin de certaines vignes séché au soleil. Virgile fait également mention du *passum* dans les *Géorgiques;* mais le peu d'élévation du prix nous fait douter qu'il s'agisse ici de cette espèce de vin.

Sachent tuit que Je Guillaume tirel dit taillevent
[...] de Jehan lambert mestre des garnisons de [...]
vente de qnze [...] & cm francois de [...] qn
mon hostel ou mois de Juing derd passe pour [...]
jeme tien pour bn paie [...] quitte le dit maistre
ceste quittance de mon seel donne le [...] Jour [...]

... er eschuier de cuisine du Roy noz confesse auoir en
... aus dit seruir la somme de ... pour la
... vn ... a la creance francoise ... a ...
... de lostel du Roy ... la quelle somme de ... franc ...
... receuz ... En tesmoing de ce Jay ...
... lan mil ... vint ...

PIÈCE N° 17

LISTE DES OFFICIERS DE L'HOTEL DU ROY A QUI IL A ÉTÉ DISTRIBUÉ DES COUTEAUX PAR L'ORDRE DE GUILLAUME TIREL DIT TAILLEVENT, MAISTRE DES GARNISONS DE LA CUISINE DU ROY. — SANS LIEU, 20 JUILLET 1392. — MÊME SCEAU QUE SUR LES PIÈCES N° 12, 13 ET 16.

Ce sont les noms des officiers de l'ostel le roy ausquelz ont esté delivrés les cousteaulz de la livrée d'icellui seigneur pour le terme de Pasques mil ccc iiii^{xx} et douze, faiz par Thomas d'Orgerel, coustelier, demourant à Paris, et delivrés aux diz officiers par l'ordonnance et commandement de Guillaume Tirel dit Taillevent, maistre des garnisons de la cuisine du roy nostre dit seigneur.

Premièrement
MAISTRES D'OSTEL

Mons. le grant Maistre,
Monseigneur de Chevreuse,
Monseigneur de Novion,
Mess. Philippe des Essars,
Mess. Arnoul de Pisieux,
Mess. Guillaume de Gaillonnel,
Mess. Philippe d'Aunoy,
Mess. Jehan Braque,
Messire Taupin de Chantemelle,
Messire Gauvain de Dreux,
Messire Robert de Boissay,
Mess. Gilles Malet,
Mons. le Borgne de la Queue.
Somme : xiij paires.

LE MAISTRE DE LA CHAMBRE
AUX DENIERS

LE CONTREROULEUR
Somme : ij paires.

ESCUIERS DE CUISINE

Taillevent,
Oudin de Champdivers,
Jehan de la Neufville,
Phelipot de Biauviller,
Henriet de Jaigny,
Didier Boisselin,
Canivet,
Pierre Braque,
Colin Boulart,
Geuffroy Valy.
Somme : x paires.

QUEUX

Maugart, premier,
Regnaut le Conte,
Jehan du Train,
Jehan de la Ramet,
Jehan Levesque,
Colin Lespicier.
Somme : vi paires.

bb ij

CLERCS DE CUISINE

Jehan du Mès,
Jehan Marie,
Tronchay.
> *Somme : iij paires.*

AIDEURS

Aubon,
Hemard.
> *Somme : ij paires.*

HATTEURS

Jehan Gautier,
Maistre Estienne,
Regnaut de la Ramet,
Jaquemart,
Jehan Petit.
> *Somme : v paires.*

POTAGIERS

Herbelot,
Jehan Jart,
Rayneval,
Thevenin de Poissy,
La Vielle.
> *Somme : v paires.*

SOUFLEURS

Jehan de la Pé,
Nichaise de Laigny,
Thomas de Senliz,
Jehan Le Riche,
Guillot Prevost,
Thevenin Billart.
> *Somme : vi paires.*

ENFANS DE CUISINE

Thevenin Emoinne,
Le petit tané,
Symonnet,
Jehanin Aubon,
Guillemin Petit.
> *Somme : v paires.*

HUISSIERS DE CUISINE

Haunaufe,
Visible.
> *Somme : ij coustiaux.*

LE CLERC DE LA CHAMBRE
AUX DENIERS
et
LE CLERC DU CONTREROULEUR
> *ij paires.*

Somme toute des coustiaux cy dessus escrips, lxi paire[s] qui costent, par marchié fait au dessus dit Thomas d'Orgerel, quatre vins seize livres parisis.

Je, Guillaume Tirel dit Taillevent, maistre des garnisons de cuisine du roy, certifie a tous que par l'ordonnance des maistres d'ostel du dit seigneur j'ay baillé et fait bailler les dessus diz lxi paire[s] de costeaux aux personnes cy dessus nommées, par la forme et manière que il est acostumé de faire chascun an et ce certefy-je estre vray : tesmoing mon seel mis à ce roule, le xxe jour de juillet, l'an mil trois cens quatre vins et douze.

Bibl. Nation., mss. franç., *Collect. Clairambault*, recueil 217, n° 56.

SUR LES MAITRES D'HOTEL DE CHARLES VI

Il est à remarquer qu'en général tous les officiers attachés à la personne de Charles V et de Charles VI *(ces marmousets* comme dit Froissart — quels marmousets que Jehan de Bueil, Clisson, Le Bègue de Vilaines et tous ces héros, compagnons de du Guesclin !) étoient de vaillants et renommés capitaines ou des administrateurs distingués. On va voir avec quels hommes éminents Taillevent se trouvoit en rapport.

Le *Grand Maitre* ici nommé est le célèbre et malheureux JEHAN DE MONTAIGU, exécuté à Paris, en 1409, fondateur des Célestins de Marcoucies.

Mgr DE CHEVREUSE est Pierre de Chevreuse qui étoit, en 1362 et 1368, trésorier des aides pour la délivrance du roi Jehan. En 1377, il fut désigné pour aller avec Bureau de La Rivière et autres recevoir l'Empereur à Pont-à-Mousson, mais il revint avant l'arrivée de ce Prince. Il étoit, en 1381, au nombre des ambassadeurs devant lesquels le duc de Bretagne jura la paix de Guérande. En 1390, à l'époque (1388-92) où Charles VI se montra, par sa bonne et sage administration, le digne fils de son père, il fut chargé avec Ferry Cassinel, archevêque de Reims, puis avec le maréchal de Sancerre, d'administrer le Languedoc ruiné par le duc de Berry. Il mourut le 22 décembre 1393 ; sa postérité s'éteignit en la personne de Colart de Chevreuse, son arrière petit-fils. Voy. l'*Apparition de Jehan de Meun,* par Honoré Bonet, 1845, in-4, p. 80.

Mgr DE NOVION ou plutôt DE NOUVION est JEHAN LE MER-
CIER, d'origine écossoise, vrai ministre des finances de
Charles V. En 1392, cédant sa place de grand maître de
l'hôtel du roi à Montaigu, il étoit devenu conseiller maître
d'hôtel et général visiteur sur le fait de la dépense du Roi.
Cette même année, quand Charles VI eut perdu la raison,
il fut emprisonné par ordre des oncles du roi et relâché
seulement en 1393. Voir sur lui une histoire piquante et une
très bonne note de M. Duplès-Agier dans les *Registres du
Chastelet,* 1864, in-8, t. II, p. 119.

PHILIPPE DES ESSARS qui avoit servi vaillamment sous le
règne de Charles V, dès 1367, en 1378 sous Bureau de La
Rivière, en 1382 sous le maréchal de Sancerre, étoit maître
d'hôtel du Roi depuis le mois de juillet 1380. Il est qualifié
de chevalier d'honneur du roi dans l'ordonnance de l'hôtel
de janvier 1386 (1387, n. st.)

Nous ne trouvons rien sur ARNOUL DE PISIEUX.

GUILLAUME de GAILLONEL étoit, comme d'autres personnes
de sa famille, très avant dans la faveur de la cour. En 1377,
il reçut conjointement avec Adenet de Gaillonel, fils d'Adam
de Gaillonel et *enfant servant d'escuelle* devant le Roi,
200 francs d'or pour les aider *à se monter* pour la guerre.

En 1383, le 18 août, le Roi étant à Péronne lui confioit
une importante mission auprès du comte de Flandres et
des villes révoltées contre lui (Bruges, Ypres, L'Escluse,
Audenarde et Courtrai). Il étoit associé, pour cette mission,
à Henri Le Mazier, aussi maître d'hôtel du roi, cité dans les
notes sur le *Ménagier de Paris.* Ils reçurent 200 fr. d'or le

18 août de cette année. Le 17 août 1387, le Roi, étant à l'abbaye de Bonport, lui donna 500 fr. d'or pour ses bons services.

Il mourut le 21 février 1399 (1400. n. st.) et fut enterré dans le chœur de l'église Saint-Jacques de la Boucherie, à Paris. Il étoit qualifié, dans son épitaphe, de maître d'hôtel du roi et de chambellan de feu Mᵉʳ le duc d'Orléans (c'est Philippe, oncle de Charles V, et non le frère de Charles VI, Louis qui ne mourut qu'en 1407). Il était aussi chambellan du duc de Berry. Son sceau porte un sautoir.

PHILIPPE D'AUNOY dit LE GALLOIS, fils de Philippe d'Aunoy et d'Agnès de Montmorency, se distingua à la bataille de Poitiers. Il étoit déjà maître d'hôtel du duc de Normandie en 1361, et de Charles VI. en 1388 (et en 1392). Il mourut vers cette époque. Le duc de Bourgogne, Philippe Le Hardi, lui donna, en 1386, un fermail d'or représentant un chérubin garni d'un rubis balais, de trois saphirs et de neuf perles (*Froissart* de M. de Lettenhove).

On voit un JEHAN BRAQUE, maître d'hôtel du duc d'Anjou en 1370. Il obtint, en 1388, des lettres de rémission pour avoir frappé de son épée un sergent du roi nommé Colin Doulxami. Est-ce le même, et est-ce aussi lui qu'Eustache Deschamps, dans son *Miroir de mariage*, mentionne comme faisant partie de quarante chevaliers faits prisonniers par les Anglois, en 1358, à la prise de la bastille des Tournelles près Moret ?

On voit, au cabinet des titres, plusieurs pièces relatives à JEAN dit TAUPIN DE CHANTEMESLE, seigneur de Laconsit. Il fut

capitaine du château de Gisors, de 1362 à 1399. En 1364, il servoit sous son parent, Thibault de Chantemesle. En 1391, il
avoit été envoyé en Angleterre par le roi, avec le sire de
Blaru, *pour certaine grosse besongne* et avoit reçu pour cette
mission 400 fr. d'or. Il étoit de retour le 20 décembre
(Cabinet des titres).

On voit, en 1405, un Taupin de Chantemesle, écuyer, et
en 1407, *Taulpinet* de Chantemesle, peut-être le même, qui
étoient certainement de la famille de notre *Taupin*.

Estienne de Dreux dit Gauvain, d'une branche de
la maison royale de France issue de Louis Le Gros,
seigneur de Baussart et de Senonches, vicomte et capitaine de Dreux, étoit déjà maître d'hôtel du Roi, en 1386.
Il donna son aveu de Senonches à Marie d'Espagne,
duchesse d'Alençon, en 1350 et vécut fort longtemps après
cette date.

Robert de Boissay, chevalier, fit sa montre (ou revue),
ayant 20 écuyers sous ses ordres, à Montereau-faut-Yonne,
le 22 août 1388, devant Taupin de Chantemesle commis par
le roi à la recevoir. Il est cité dans les notes de M. le baron
de Lettenhove sur Froissart, t. xvi, p. 303, comme ayant
été envoyé par Charles VI en Angleterre après Taupin de
Chantemesle (ce pourroit être une autre mission que celle
de 1391, car alors Taupin étoit accompagné de Guillaume
de Cantiers et Jehan de Sains et non du sire de Blaru)
pour réclamer contre la non-publication des trêves en
Guyenne.

GILLES MALET est le bibliothécaire de Charles V que tous
les bibliophiles connoissent. Il étoit seigneur de Soisy-sous-
Étiolles.

LE BORGNE DE LA QUEUE nous paroit devoir être YON DE
MAINTENON, probablement seigneur de la Queue près Hou-
dan qui, en 1381, reçut l'aveu de Thomas de Braye, chevalier, seigneur de Villeconin pour la seigneurie du Marais. Il
reçut du roi 200 fr. d'or, le 8 mars 1402 (1403 n. st.) et, en 1407,
du sel pour les besoins de sa maison. Il avoit épousé Biette de
Montaigu en premières noces. Antérieurement, et dès 1364,
nous voyons JEHAN et non YON DE MAINTENON dit le Borgne
de la Queue. Le 13 mai de cette année, il servoit, à Paris,
sous le gouvernement du Prévôt (Hugues Aubriot) et reçut
112 fr. pour lui et les gens d'armes placés sous ses ordres.
Peut-être, y a-t-il erreur dans le prénom et est-ce le même
Borgne de la Queue que Yon et le nôtre ? Jehan de Maintenon, dit cette fois le Borgne de Maintenon, est mentionné
dans une montre de l'évêque de Châlons reçue à Dreux le
23 juin 1356. *Pièces originales*[1].

ADDITIONS ET CORRECTIONS

M. Arthur de la Villegille, à qui notre histoire est redevable de plusieurs très intéressantes publications, avoit projeté de donner une édition de Taillevent ; mais la mort l'a empêché de donner suite à cette intention.

Pendant l'impression de cet ouvrage, il a paru un *Inventaire des dessins* (2 vol. in-8) de la collection Gaignières, publié par M. Henri Bouchot.

Cet inventaire nous a révélé, dans le volume de *Portraits*, nᵒ 30 (folios 114, 115, 116) de cette collection, l'existence de trois dessins *lavés* représentant Guillaume Tirel et ses deux femmes. Nous avons vu ces dessins ; ce ne sont que les figures de la pierre tombale auxquelles on a donné des attitudes de fantaisie. Nous remarquons seulement, dans le dessin représentant Isabeau le Chandelier, que le vêtement de cette dame est doublé d'une fourrure de vair qui semble exister aussi dans le chaperon dont sa tête est recouverte et peut-être même dans sa coiffure. Ces détails, n'étant plus visibles aujourd'hui sur la pierre tombale, n'ont pu être reproduits dans le dessin de Guerrier, mais on les voit dans la gravure que nous avons donnée du tombeau d'après Gaignières, à peu près aussi bien que dans le dessin lavé. Il nous semble que la coiffure d'Isabeau est singulière et que le dessinateur de Gaignières a pu la reproduire sans se rendre bien compte de ce qu'elle étoit réellement.

Page XLIV, note 1.

Au lieu de : *Paris, Jean Bonfons*, lire : *Paris, V⸗ Jean Bonfons*.

Page 74, 3ᵉ ligne.

Nous avons dit dans une note, en publiant le texte de l'édition du xvᵉ siècle, la plus ancienne connue, que nous la reproduisions avec toutes ses fautes, typographiques ou autres. En révisant les épreuves, avant le tirage, le correcteur a cru devoir rétablir « Pasté de *truyte* » au lieu de « Pasté de *truyte* » qui se trouve dans l'original. Même observation pour la correction suivante.

Page 91, 18ᵉ ligne.

Au lieu de « aussitôt qu'il sera *temps* », l'original porte : « aussitôt qu'il sera *temps* ».

TABLE ALPHABÉTIQUE

DES MATIÈRES

TABLE ALPHABÉTIQUE

DES MATIÈRES

A

B

C

D

E

F

G

H

I

J

L

M

P

S

T

Y

CETTE ÉDITION A ÉTÉ TIRÉE

A TROIS CENT CINQUANTE EXEMPLAIRES

NUMÉROTÉS A LA PRESSE

dont

CINQUANTE EXEMPLAIRES

de format petit in-4°, sur papier de Hollande

N⁰ˢ 1 à 50

TROIS CENTS EXEMPLAIRES

de format in-8°, sur papier vélin du Marais

N⁰ˢ 51 à 350

—

*Il a été tiré, en outre, un exemplaire sur vélin
et trois exemplaires sur papier de Hollande, de format petit in-4°,
non numérotés et non mis dans le commerce.*

N⁰ 159

ACHEVÉ D'IMPRIMER

LE 20 NOVEMBRE 1891

POUR

H. LECLERC ET P. CORNUAU

Successeurs de Techener

219, RUE SAINT-HONORÉ, A PARIS

PAR

JOSEPH PIGELET

IMPRIMEUR A CHATEAUDUN